施肇基　金问泗　著

# 施肇基早年回忆录
# 外交工作的回忆

中国社会科学院近代史研究所
民国文献丛刊

中华书局

**图书在版编目(CIP)数据**

施肇基早年回忆录/施肇基著. 外交工作的回忆/金问泗著.
—北京:中华书局,2016.3
(中国社会科学院近代史研究所民国文献丛刊)
ISBN 978-7-101-11543-7

Ⅰ.施… Ⅱ.①施…②金… Ⅲ.施肇基(1877～1958)-回忆
录 Ⅳ.K827=6

中国版本图书馆 CIP 数据核字(2016)第 031827 号

---

| | | |
|---|---|---|
| 书　　名 | 施肇基早年回忆录　外交工作的回忆 | |
| 著　　者 | 施肇基　金问泗 | |
| 丛 书 名 | 中国社会科学院近代史研究所民国文献丛刊 | |
| 责任编辑 | 张荣国 | |
| 出版发行 | 中华书局 | |
| | (北京市丰台区太平桥西里 38 号　100073) | |
| | http://www.zhbc.com.cn | |
| | E-mail:zhbc@zhbc.com.cn | |
| 印　　刷 | 北京市白帆印务有限公司 | |
| 版　　次 | 2016 年 3 月北京第 1 版 | |
| | 2016 年 3 月北京第 1 次印刷 | |
| 规　　格 | 开本/920×1250 毫米　1/32 | |
| | 印张 7¾　插页 2　字数 140 千字 | |
| 印　　数 | 1-4000 册 | |
| 国际书号 | ISBN 978-7-101-11543-7 | |
| 定　　价 | 32.00 元 | |

# 出版说明

　　文献史料是认识和研究历史的基础,民国史研究自不例外。为了给民国史研究者和爱好者提供史料利用上的便利,我局与中国社会科学院近代史研究所等学术机构合作,推出"民国文献丛刊"。

　　"民国文献丛刊"首批图书中,经台北传记文学出版社授权,列入了原属"传记文学丛书"和"传记文学丛刊"的一些作品,包括《刘汝明回忆录》、《银河忆往》、《逝者如斯集》、《颜惠庆自传》等十九种。

　　由于作品产生的时代背景和作者个人的政治立场的影响,一些作品中存在着比较明显的时代局限和政治色彩,一些个人视角的描述与评论,难免有不符合事实之处,反映了特定历史时期各派政治势力和社会组织之间错综复杂的关系。我们除了作必要的技术处理外,基本保留了作品原貌。希望各位读者在阅读和研究的过程中,着眼于其文献价值,辨析真伪,而获得本真的历史事实。

中华书局编辑部

二〇一四年七月

# 目
# 录

## 施肇基早年回忆录

## 外交工作的回忆

施肇基早年回忆录

施肇基 著

施植之先生早年回憶錄

本书原封面绘有施肇基先生立像,书名系胡适之先生所题

# 胡适之先生序

一九二七年我在华盛顿第一次劝施植之先生写自传。那时他快满五十岁了，他对我说，写自传还太早。以后二十多年之中，我曾屡次向他作同样的劝告。到了晚年，他居然与傅安明先生合作，写出他的《自定年谱》作自传的纲领。又口述他的早年生活经验，由安明记录下来。安明整理出来的记录，从施先生的儿童时期起，到一九一四年他第一次出任驻英国全权公使时为止，——就是这一本很有趣味而可惜不完全的自传。

为什么没有全部完成呢？安明说："施先生开始口述的时候，精力已渐衰了。到一九五四年秋天他大病之后，他的记忆力更衰退了，他的脑力已抓不住较大的题目了。所以这部自述的记录只到一九一四年为止，没有法子完成了。"

但是这本小册子还是很可宝贵的。因为这是我们这一位很可爱敬的朋友最后留下来的一点点自述资料。如果没有安明的合作，连这一点点记录都不可得了。

植之先生活了八十岁，安明的记录只到他三十七岁为止。这本记录可以分作两大段落：前一段是他在国内国外受教育的时期，后一段是他从美国回来之后在国内服务的时期（一九○二至一九一四）。

植之先生叙述他在上海圣约翰书院的经验，就是很有趣味的教育史料。"信教学生免费。非教徒缴纳学费，最初每年八元，后增至十元，至余离校之时增为十二元。校方除供给食宿而外，每年另给小帽一顶，鞋子两双，青布长衫二件，棉袄一件。放学时并给铜钱百文为车费。书籍及医药费用亦由学校供给。"这种追记，和"卜舫济先生留长辫，衣华服，矩步规行"一类的记载，都是史料。

植之先生十六岁时（一八九三）就跟随出使"美日秘国"钦差大臣杨儒到华盛顿做翻译学生。他在美国留学九年（一八九三——一九○二）。他追记这九年的生活，比较最详细。其中最有历史趣味的是他叙述杨儒时代的驻美使馆的内部情形。这种记载，现在已很难得了。

在这九年之中，他曾被驻俄的杨儒钦差邀去俄京圣彼得堡帮了一年（一八九九）的忙。并且曾随杨儒到海牙出席"弭兵会议"。可惜他没有把这一年的观察和经验讲给安明记录下来。前几天夏晋麟先生邀我午餐，我说起我正在看安明记录的施植之先生的早年自传，夏先生的第一句话就问："有没有他在圣彼得堡和海牙的记录？"我说："可惜没有。"夏先生和在座的几位朋友都很感觉失望。

植之先生一九〇二年在康乃尔大学得文学硕士学位之后，他就回国了。那时他二十五岁。此后他的生活共有三个时代：从一九〇二到一九一四年，这十二三年他在国内服务。从一九一四到一九三七年，这二十多年他在国外担负外交的重要任务。一九三七年以后是他退休的时期，虽然他还替国家做了不少的事。

我们现在所有的记录，除了他的教育历程之外，只有他在国内服务的十二三年的追忆。这十三年的记录里，最精彩的只有三大段：第一段是他在武昌张之洞幕府里的经验。第二段是他做京汉铁道总办时期的改革。第三段是他在哈尔滨做滨江关道的二十六个月的改革。

在这三大段里，植之先生特别叙述一位毕光祖先生的为人，特别记载这位毕先生给了他很多的指导和帮助。植之先生说：

南皮……文案中有毕光祖先生，字枕梅，嘉定人……与余交好。余每作说帖，皆托为修辞。毕先生改正之后，往往为余详加解说。尝谓余曰："文章贵在理路清楚，不必作四六骈体。但求辞简意明。古人所谓辞达而已矣。"

他又说：

> 毕先生劝余处事要脚踏实地，其公牍圆到，其为人赤
> 诚，其见解高超，皆为余生平所服膺。余以一出洋学生，对
> 国内情形隔膜，而能服官州县（滨江关道系地方官）数年
> 得无陨越者，多有赖于毕先生匡助之力也。

这部自述里，屡次这样热诚的称许毕先生的助力。

植之先生在滨江关道任凡二十六个月，他的成绩是当时
中外人士都很称赞的。他自己也说：

> 英国驻哈尔滨领事Sly尝告同僚云：此间交涉事项宜
> 多迁就施道台，使其久于其任。施道台若离任，其规模办
> 法必皆随之俱去，因其方法甚新，同时中国官吏不能行其
> 法也。

我在许多年之后，也曾听美国朋友顾临先生（Roger
S.Greene）说，当时他也在哈尔滨，亲自看见施先生的政治
作风，他很佩服。顾临先生说："那个时候（一九〇八年到
一九一〇年）离日俄战争才不过几年，中国的官吏能在北满洲
建树起一点好成绩，为中国争回不少的权利，是不容易的事，
是值得留下一点永久的记录的。"我也曾把顾临先生的话转告

植之先生，作为我劝他写自传的一个理由。

现在他的哈尔滨时期的回忆录有了安明的笔记，我们只看见植之先生处处归功于那位毕光祖先生。他说：

> 余在〔滨江关道〕任二十六个月。……经办事务烦而且重，前任后任无一终局者。余以出洋学生久任此职得无陨越者，得力于毕先生者甚大。就任之始，毕先生告余曰：道署之人，不必多换。"就生不如就熟"。只要长官不贪，下属岂敢舞弊？……余到任后，未换旧人，而前弊俱去。盖因余本人于薪俸公费之外，不纳分文额外收入。此亦得力于毕先生"脚踏实地"之教也。

他记载张勋的兵士正法一案，又说：

> 此案乃毕先生所经办。其人思虑周详，文笔圆到。余任内重要公文皆出其手，时人多称道之，每谓余以出洋学生而公事熟悉如此，诚属难能可贵。实皆毕先生之功也。

我们读施先生称述毕先生"匡助之力"的几段文字，我们都觉得这位"为人赤诚而见解高超"的文案先生确是很可以佩服的，——但我们同时也不能不感觉这几段文字都可以表现出植之先生自己的伟大风度。他能认识这位毕先生，他肯虚心请他修改文字，肯虚心听他详加解说，肯虚心请他去帮他自己办公事，肯全权信任他至十多年之久，使他能够充分发展他的才能来做他最得力的助手：这都是植之先生一生最可爱的美德。我们看他四五十年之后还念念不忘的说："我当年的一点点成绩实皆毕光祖先生之功"，"实多有赖于毕先生匡助之力。"这样的终身不忘人之功，这样的终身把自己的成功归美于匡助他的朋友，——这种风度是足以使人死心塌地的帮他的忙的了。

胡适

一九五八，十，廿二夜，

在将离开纽约的前七日。

# 自 序

曩者，友朋多有劝余自述生平存留掌故以备后世参考者，吾友胡适之先生每为余言，并允于书成为撰序文。余久久不欲着笔者，良以时方多艰，愧无建树，何必多着痕迹，以取干名博誉之讥。

乃近岁息影林园，回忆往事，深感世变沧桑，而同辈逐渐零落。追想余自一八九三年出国游学，嗣后服官出使，以迄一九五〇年，历六十载。经过前清、民初以至国民政府之时代，其中经历琐事，间有饶有兴味而未为后人所尽知者。迩来与美邦老友偶谈及之，虽余口述不详，而听者每觉津津有味，亦有劝余于记性健好之时，择要发表，以广传闻者。

爰于茶余饭后之暇，与傅君安明讲述谈论，由傅君随笔记之，以存掌故。将来整理成册，于余身后付印，分赠友朋，聊供玩赏，不敢谓为传记也。

钱塘施肇基序于青山别墅

时公历一九五四年夏。

# 幼年时代

　　吾家自鲁惠公子施父诞生施伯公，因以为氏，是为施氏受姓之始，厥后支族繁衍，徙居各邑。至七十三世祖采石公于清顺治七年（公历一六五〇年）卜居于江苏省震泽镇之纯孝里，是为笠泽施氏本支之始。传至肇基，为八十一世。

　　余以光绪三年丁丑（一八七七年）夏历二月二十七日生于纯孝里。

　　震泽居苏浙边界，太湖之滨，土壤肥沃，气候温和，盛产稻米丝茶，民间凤称富庶。吾家世代为丝商，先君静庵公在乡经营收集转运之事，先伯少钦公在沪与洋商直接交易，时人称为丝通事。家中生计，赖以维持。

　　先祖右娱公课了甚严，先君兄弟六人皆亲自教读，写作俱佳。先伯善荣公尝为上海《申报》主笔政，当时颇有文名。地方上之重要诉状，皆就商之。吾父慈祥长厚，急公好义，吾母徐太夫人治家勤俭，敬长慈幼，乡里称贤。二老平素，约以持己，厚以待人，垂为家训。

余五岁入乡塾读书。入塾之日，家人以麦糖一方裹以红布，置于方凳上，使余坐于其上，异入学塾。乡俗以麦糖性黏固，取其为学有恒勤而不辍之意，有如麦糖之黏固不离其位也。是日，吾母随至塾中，面告塾师曰："吾儿如不听教，可鞭挞之，虽伤吾无怨言也。"

当鸦片战争及中法战役之后，国人懔于对外战争之惨败，群思所以奋发图强。平时乡间父老多聚谈富国强兵之道，子弟则有负笈远游沿海都会观摩新政规模之心。当时父老言中法之役，我军于沿海阵地铺以竹管，法军登陆后，因法人两膝行路不能弯曲，多俯地就擒，认为此乃我国战略高明足以胜人之处。类此见解，皆属无稽之谈。亦可见当时国人对国际知识之茫然也。

余之次兄省之早岁赴沪就学于圣约翰书院及电报局学堂，学习英文，兼研时务。余得余兄之介于光绪十二年（一八八六）入南京妙香庵之江宁府立同文馆。此馆时方草创，设备简单。课程有法语、英语两种，着重尤在华文。教授方式偏于背诵，以《法语入门》及《英语入门》为教材。每逢朔望，出题考试。当时此校监督为一候补道员，尝骑黑骡来校主考。南京湿气甚重，余因患湿气病不能再留，一年后即行赴沪。

到沪后，谒见圣约翰书院院长颜永经先生，允予明年来沪入学，颜先生为吾友颜骏人先生之尊翁，早岁去美游学，乘帆船行七十日，敦品力学，志向远大，此时须发皆已斑白矣。颜先生并告：彼明年将调任虹口圣公会牧师。今日与黄女士结婚之卜舫济先生（F.L.Hawks Pott）将继任院长。校园中今日张灯结彩，即贺其新婚也。

余于一八八七年到沪入学之时，院长已为卜舫济先生矣。卜先生对余督教甚严，爱护甚殷，受教三年，得益滋多。

圣约翰书院时有学生七八十人，信教学生免费，非教徒缴纳学费：最初每年八元，后增至十元，至余离校之时增为十二元。校方除供给食宿而外，每年另给小帽一顶，鞋子两双，青布长衫二件，棉袄一件。放学时，并给铜钱百文为车费。书籍及医药费用亦由学校供给。盖其时入校学生不多，故有种种优待，以广招徕。其后英文在上海商界逐渐流行，毕业学生可在洋行任事，收入甚丰，书院学生乃逐渐增多。卜先生留长辫，衣华服，矩步规行，俨然一中国绅士。其人态度严肃而诚挚，办事认真不苟，学校在其任内发展其大。

其时学校教育，着重传道。每日须上教堂读圣经，星期一至星期五上午、下午各一次，星期日则中午一次晚间一次，星期六下午无圣经课，学生在操场上体育课，打球为乐。

学校教师，其时约有十人。美籍者为卜先生，以院长兼授历史。英籍者一人，教授英文。加拿大籍者一人，为校医兼授生理学。此外皆华籍,一授数学,一授英文,余皆教授华文。

余在圣约翰书院三年中,有两事给余印象最深者:

一日,卜先生于历史课上讲战争之意义。卜先生言:战争不一定是坏事。凡为正义而战之战争,乃维持人类和平及世界秩序之必要条件也。余默思中国民族传统之反战观念,未必全是。自是余对战争之意义有新的认识。

又一日,余在卜先生办公室内,见美籍两教士来访,言其路过曹家渡时为中国儿童击伤之故事。(曹家渡在租界之外,其道路则为租界当局越界所筑。)时方盛暑,两教士(Ingle及Logan Roats)以团扇蔽面,乘人力车来梵王渡。途遇华童,以小石击之,将团扇打破,并伤两教士之额角。余当时问以彼等被击之后,如何对待华童。彼言:彼等停车,告诫华童:不可为此无礼之事。对于华童,未曾有丝毫责罚。

余闻言,对两教士之容忍态度,不禁肃然起敬。盖当时在华之洋人率皆粗暴无礼,社会上对于洋人之观感印象甚不佳也。此为余对洋人人品道德有新认识之始。

在此三年中,余曾一度欲往香港就学,以卜先生劝阻而止。

一八九〇年余入胡维贤先生主办之国文学院,专研汉文两年。至一八九三年,随杨钦差赴美。

# 留美时期
## （一八九三至一九〇二年）

　　光绪十九年（公历一八九三年）杨子通钦使（名儒）奉派为出使美日秘国大臣，余随任为翻译学生。同年八月底抵美。时余年十六岁。

　　当时驻美使馆馆员有：二等参赞何彦升，三等参赞胡维德，二等翻译官莫镇藩，三等翻译官钟文耀；随员三人为苏剑钊及徐、尚二君。徐、尚二君为总理衙门所选派，尚为书办，徐为例行公事之主稿人。翻译学生为李丹麟及余两人。另有差官两人（其中一人为理发师），厨师二人，裁缝二人。时使馆馆址方由西北区之杜邦园（Dupont Circle）迁至西北区第十四街与耶鲁街转角处（Yale Street今改名为Fairmont Street）。

　　其时驻美钦差兼驻秘鲁及西班牙两国，（"日"为日斯巴尼亚（Espana）之简称，系指西班牙，非指日本。当时官书约章中，西班牙皆译作此名。）故称出使美日秘国大臣。其任期为

三年，第一年驻美，第二年驻西班牙，第三年驻秘鲁。三年任满
后，或留任，或他调，或回国。钦差大臣出国之时，一次领足三
年经费，及往返川资。驻美国、秘鲁及西班牙三国使馆人员，
及所属领事官员，及北京、上海文报局人员共约五十余人，皆
由钦差大臣指派。经费亦由钦差包办，不须报销。派在外馆工
作人员三年任满后，得"异常保举"。京、沪文报局人员（文报
局驻北京、上海两地，专办驻美秘日使馆文电传递之事。）任满
后，得"寻常保举"。其时清廷制度升迁严格，保举难得，随任
人员有专为"异常保举"而来者，每至第三年初奏保以后，即行
返国。钦差大臣之第三年经费，因留馆人员薪俸减少，常有盈
余。故驻外钦差在当时官员之中，系属优美之缺。

又钦差大臣任满后，调任他缺之美恶，往往赖京中人事
之维持调度，而年节所送冰炭两敬，关系甚大。所谓冰炭两敬
者，系指一年三节之礼金。驻外钦差对职务上有关在京之长官
同僚，皆有馈赠。夏称"冰敬"，冬称"炭敬"。此种习气，至民
国以后始行废止。又钦差大臣对两宫（即慈禧太后及光绪帝）
年节万寿之贡品，亦甚着重。

杨钦差在任时讲究一般衙门仪节。其办公室外有差官二
人侍立，馆员入见，皆须报到见请。馆员离馆，亦须请假。平时
办公有翻译二人随侍在旁，每逢朔望馆员齐集馆中，向钦差请
安，谓之"上衙门"。差官俟馆员到齐后，以"手本"呈报钦差，
钦差曰："道乏"，馆员乃散。每逢端午节、中秋节以及钦差及

其夫人之寿辰，馆员皆须送礼称贺。钦差受礼后，则以筵宴为谢。钦差眷属及馆员眷属当时皆住馆内。膳食由厨师料理，费用由馆员按照薪俸成数分摊。钦差及其眷属不付分文费用。

杨钦差夫妇喜好应酬。杨夫人满人，天足，衣饰讲究，为我国驻美钦差夫人出外应酬之第一人。杨之前任崔国因钦差，性情拘谨，不尚酬应，在美任内，与外间绝少往来。总理衙门闻知其事，故选派杨为继任，因杨仪表魁伟，衣冠华丽，夫妇皆尚酬应。出国时，且给经费特多，嘱于到任后，与外界多多联络。

杨钦差出外应酬虽多，皆系应邀而往，从不在馆内答宴外宾。只于圣诞节时，遣人分送绸缎、茶叶为礼，以答谢之。每至圣诞节前，中国使馆以马车沿街送礼，车声辚辚，市民见之，皆知为中国钦差之礼车也。

又其时国内派来大员出国考察，行抵美京时，钦差率领全体馆员穿中国袍套礼服迎于车站。并在站台设立香案，见面之时，即须行跪拜礼，为皇太后及皇上恭请圣安，由来美大员代受代转。行礼之时，杨钦差率领全体馆员跪于香案之前。杨一人跪于前排，馆员列为一行，跪于后排。由杨钦差门唱："奴才（杨系满人，故称"奴才"而不称"臣"）杨儒率全体馆员恭请皇太后及皇上圣安。"大员立于香案之旁，面对香案，大声应道："安。"礼成，跪者起立而去。此项仪节必须于初次见面时行之，不得延迟，故每次行礼之前必须向车站站长说明原委。而行礼之时，车站左右之人皆来围观，啧啧称奇。直至民国改元之后，此项仪节始行废止。

杨钦差任内尚有"堂见"一事，为余所亲见者。时金山总领事与金山华侨六会馆之董事发生争执，该领事报告杨钦差，请使馆行文两广总督府将六会馆董事之眷属扣押，以势胁该董事等就范。董事中有擅长文字者，不直该领事所为，乃备文向杨钦差申诉。杨乃召原告四人入京，举行"堂见"。所谓"堂见"者，即以法堂仪式相见之义。是日使馆内于厅中置长方桌，设香案。钦差坐于正中，参赞、随员立于两旁，案前立两差官。董事来见时，差官立呼彼等跪下，严询一个多时辰，始行斥退。四董事皆六十老人，长跪时久，起立为难。彼等回至旅舍，为新闻记者包围问询，皆默不作答。次日西报载称：各董事对"堂见"之事，虽不言内情，而见彼等行步艰难，料其必曾受苦。云云。此亦前清时代，"官官相护"压抑侨胞之一事也。

余任翻译学生时，兼在市立中心中学求学（Central High School）。每晨八时半入学，下午二时回馆。每天任务为翻译时事新闻百余字，及陪同杨钦差及其夫人于拜客赴宴时担任传译之事。通常随任翻译为钟文耀与余两人。钟为杨钦差任传译，余为杨夫人任传译。美国人好奇心重，加以杨氏夫妇衣饰华丽，喜好酬应，故宴会特多，每次赴宴，皆系四人同往。余因之甚忙，预备学校功课每感时间不足。且余数学根柢不佳，而校中又规定法文、拉丁文皆为必修功课，深以课务繁重为苦。余之所以选入中心中学者，系因该校为华盛顿规模最大之中学，而又校址适中，交通方便。余为中国人在该校肄业之第一人。

余初入校，英文程度不够，辄于暑假期间，补习英文。第一年从柔可登菲君（Reickledenfei）补习（此君后改习医科，曾任美京市政委员）。第二年从英文教员摩根女士（M.Ella Morgan）补习。每小时学费一元五角，但每次授课皆自动延长至二小时，只收一小时之学费。其人教法谨严，每日令余高声诵读小说、散文一两篇，伊则将余误读之字一一用铅笔划出，令余更正，必至读得字字正确而止。次日先温旧课，而后上新课。其改文亦极认真，每有改正，必就错误之点详细解说。余英文之略有根柢，得力于摩根女士教导者甚大。

摩根女士教课虽极严谨，而为人则慷慨慈祥，和蔼可亲。老年独居寂寥，常请中国学生寄宿其家，以慰寂寥。余弟丙之来京就学时，即住其家，食宿四年，所付费用极少。余弟去后，推荐孙章甫（名多钰，后任开滦煤矿公司总经理）寄住其家。此后每人离去，皆荐一人续住。余在康乃尔大学就学时，每逢假期来京时，皆住其家饭厅中。民国二年，余弟兄在京就事，景况甚好，曾邀伊赴华游历一年，派吾侄赞元招待，陪侍同游各地名胜。伊云：此行甚乐。见余等皆各安居乐业，努力向上，尤为心喜。余等留其在华再住一年，伊云精神不佳，亟愿回国。次年又派赞元陪其赴欧洲各国游历一年。伊晚年景况不裕，余弟兄每年寄款为其过夏休假费用，伊从不动用，每集至成数，即汇还于余。余亦不便相强，后以此款在中心学校内立一"摩根纪念室"，陈设中国家具装饰，留一永久纪念。摩根女士挚爱中国，出于至诚。其对中国学生，皆勉以敦品力学，经常有中国学生寄住其家。弥留之际，尚有中国学生陪伴在侧，摩根女士即枕于其手臂上含笑而逝。

余任翻译学生时，曾两度赴美国外交部。因当时之翻译学生只随钦差夫妇于拜客赴宴时担任传译，钦差赴美外部洽办公事则由二等翻译官、三等翻译官担任译事，故余无因公入外部担任译事之机会也。

第一次为使馆二等翻译官莫镇藩偕访美外次柔克毅（W.W.Rockhill）。柔君于中国学问素有研究，曾为文论中国人口（China's Population）著称于时。后任美国驻华公使，卸任后复为袁项城聘为总统府顾问。〔柔克毅任驻韩美国领事时，适袁在韩任办事大臣，与袁甚熟，而与当时英国驻韩领事朱尔典（Sir John N.Jordan）亦甚交好。后袁任总统，朱尔典为英国驻华公使，中英当时交涉甚多，故袁聘柔为顾问，冀能有所助益。〕余往访时，柔问余在使馆担任何事，并随手在其转动书架上之Giles大字典中取出中文公文一件，嘱余译为英文。余逐句为之口译，彼听毕，盛赞余之译辞信达，乃一优秀译员。此为余赴美外部之首次。

第二次余往美外部时，系麦金来总统就职之前夕，往看烟火庆祝会。时烟火在白宫后园演放，美外部东南面邻近总统府（即白宫）之后园（美外部旧址为今预算局之办公处）。居高临下，全入眼底。是日余遇美外次艾迪（A.A.Adee）。艾君云：
"明晨新总统就职，美外部高级职员全部辞职，唯余留任。"
又问余曾读Longfellow之诗否？云：其中有佳句，乃系为余而
作者：

"Men may come men may go,but I go on forever."
盖艾迪在部年久，公事熟悉，历任外长，皆倚重之，留备咨询。
其人诙谐有趣，惟耳聋不良于听耳。

　　光绪二十三年（公历一八九七年）杨钦差奉调驻俄，伍廷
芳继任为驻美日秘国钦差大臣，余留任为随员。是年夏余在中
心中学毕业后，即辞职，赴绮色佳城之康乃尔大学（Cornell
University）就学。

　　伍廷芳之出任美使也，乃李文忠公（鸿章）所擢拔。缘伍
廷芳与罗丰禄随文忠赴马关议约，文忠与伊藤博文为老友，会
后闲谈中国图强之道。伊藤云："伍、罗两君为余往日留英同
学，皆一时俊彦，今余已为一国之首相，彼两人仍居下僚，何不
畀以重任？"文忠当时颇有感触，归后即保荐伍廷芳使英，罗丰
禄使美。后以伍属英籍，英廷不予接待，乃改派罗丰禄使英，伍
廷芳使美。我国自一八七八年派遣使节驻美至今十九年矣，伍
为我国驻美使节中能操英语之第一人。（以前使节中仅副使容
闳一人能操英语，但未久于其任。）到任之后，酬应甚忙，又常
出外演说。其人诙谐有趣，极为社会舆论所欢迎。其任内大事，
有：退还庚子赔款之一部分充作中国教育文化基金之用，及建

造美京十九街二〇〇一号之使馆馆舍。

伍使任内，又有一饶有趣味之事，即伍为各国驻使中乘坐汽车之第一人。时汽车新出未久，尚未盛行，外交使节出外拜客皆乘高驾双头马车，车声辚辚，威仪抑抑。伍使接受友人所赠汽车一辆，于每星期访晤美外长例会时，乘之赴会，与司机并肩而坐，招摇过市，无所介意。一时传为佳话。

余之选入康乃尔大学者，乃因该校在怀德校长（Andrew D.White）领导之下（后任美国驻德公使），主张信教自由，学校内无教堂。又主张选科制，减少必修课程，学术空气浓厚，思想非常新颖。且该校费用较省，入学考试亦较简单。余在校时每年用费约七百至七百五十美元，最后一年以吾兄省之在国内办理京汉铁路包工工程，收入较丰，寄余千元，以是是年余甚阔绰。通常学生在校每周房饭费三元，余每周用三元半，已属饮食丰盛者矣。余为中国学生在该校就学之第一人。

余在康乃尔大学就学于文学院。得力于历史教授斯迪芬斯（Prof.Henry Morse Stephens）及英文教授哈德（Prof.James Hart）两师者甚大。

斯迪芬斯教授，时授欧洲近代史，授课之余，多所启迪。尝问余曰："来美求学，有何志愿？"余答曰："中国积弱，受人欺凌，愿以所学，为国家收回利权，雪耻图强。"先生赞许，时时勉为通才之学，研究人类心理，讲求用人之道。盖世上事业，全赖合作以成，群策群力，最为重要。又尝作书介余往见各大学著名教授学者，戒勿专读死书。尝言研习历史，应着眼于其强弱盛衰之迹，及其所以致强避弱之道，不必专记年代。凡中国学生来美求学，于当时史事之年代所应知者，三事而已：（一）一四九二——哥伦布发现美洲大陆之年，（二）一〇六六——威廉王征服英国之年，（三）一六四四——满人入主中国之年。此外年代皆不足记。但知历史有上古、中古、近代之分足矣。

斯迪芬斯教授又尝问余："雪耻图强，如何作起？"余答以："中国屡遭国际战事之惨败，国民失去自信自尊之心，必须再与外人作战，战胜一次，恢复其自信自尊之念，然后可以努力有为。"彼问将与何国作战，余曰："与葡萄牙作战，收回澳门。"师言："不可。君不知英葡两国对其国外属地有共同防守之约乎？中国击葡，英必助之。且葡国小民寡，中国如与之战，国际同情未必在华。何如对法在安南一战，法为欧陆大国，而安南之内政不修，法国驻越之陆海军队尤称腐化，中国战之，必可获胜。"云云。余与先生，时得质疑问难之乐。

余在康大就学两年，适驻俄杨儒钦差以译员陆征祥抱病，来书邀余赴俄相助，并赴海牙出席"弭兵会议"。时光绪二十五年，公元一八九九年事也。余年二十二岁。

余在启程之前，遍访校中师长辞行。各师皆称善，为余远行新任贺。独哈德教授不以为然。劝余专心向学，此时不宜辍业他就。余心感之。此时余虽不能失信于杨使，必须赴俄一行，然回美续学之志，则已决矣。

余居俄京圣彼德堡及海牙一年，助杨使为译事，事务甚忙。余以返美续学心切，于次年辞职，杨使坚留不放，遂致不欢而散。

一九〇〇年返康校，次年毕业，得文学士学位。斯迪芬斯教授勉余再读一年，并言：来美游学之中国学生，往往大学卒业，即匆匆归去，若能再读一二年，多增学历，将来回国不论在学识上、资历上皆较一般为优异。余从其言，续修一年，于一九〇二完成文学硕士学位。是年夏，首途返国。

余在校时，喜与同学交游，同班者人人相识。盖余尝思美国人口稀少而国力强盛，我国人口众多而国力衰弱，其中原故，必在国民之品性与作法，故与美国人士接触甚勤，冀能了解其民族性优点所在，以为借镜焉。同班同学待余皆厚，余在大学第三年级时，被选为康乃尔年报编辑，每年有酬一百元，为当时校中名利兼收之事。惜余是年因奉杨使之召，赴俄供职，未能担任，引为憾事。

一九二六年余班毕业同学在校举行第二十五周年纪念会，以余及司戴德（Willard Straight）两人较有声誉，（司戴德曾任美国驻沈阳总领事及威尔逊总统之外交顾问。聪敏绝人，惜其早逝。身后在康大校园内捐建"司戴德大楼"为学生社交游憩之所。）乃捐款二千五百元，设立"施司奖学金"（Sze-Straight Fund）。后同学锡尼尔（John L.Senior）增捐七千五百元，合为一万元，以其利息每年四百元作为奖学金。施家子弟入校读书者，优先取得。后以吾家子弟赴康大就业者少，该奖学金乃交由学校当局支配矣。

余同班中有克瑞尔（Willis H.Carrier）为美国冷气工业之创始人。彼早年曾语余曰："现正努力设计一项转换空气之机器，将来社会受益，余亦可成百万富翁。"并言：当时戏院中空气甚坏，只靠两端电扇转换之，实嫌不够。彼之发明，将于夏日将清新空气输入室内，而将污浊空气抽出。冬日则以清新之暖气输入。余告以此项计划，不合实际。因空气放入，有引致伤风之可能。渠云："不然。在戏院之内，清新空气可自座位之下徐徐向上升腾，对于观众不直接吹射，实属有利无弊。"彼之计划卒于一九一一年向美国机械工程学会提出。及余于一九四六年四十五周年毕业纪念会晤见时，彼之事业已确立矣。然以其少时家境清寒，营养不足，一生操劳过度，中年以后体力不支，心脏衰弱。是次把晤后，不久即辞人世，甚可惋惜。然其事业则已垂之久远。此余同班中之唯一工业富豪也。其人立志坚定，任事勤劳，精诚和蔼，引人爱敬。

余于一九〇一年毕业时，本班同学推余为领队（Marshall），率领全班同学步入礼堂，举行毕业礼。一九〇二年修毕硕士学位时，仍被推为领队。一九五一年，吾班同学在校举行五十周年毕业纪念会，余往参加，五十年前同班七百余人，今只三百健在矣。此次同学集会，仍推余为领队。其仪式系先在巴登厅（Barton Hall）随乐队环行厅堂三周，然后步行至棒球场观球。余以同学多已年老，颇有不良于行者，因建议先由乐队环绕厅堂行走二周，至三周开始时同学再行加入，行一周后即往棒球场观球，可以稍节精力。老年同学竟不服老，不从余言，坚持绕行三周，然后观球，亦一时之佳话也。

又余在康大时，某日听退休之首任校长怀德先生回校演说，（怀德辞任校长后，任美国驻德公使数年，退居后，家住绮色佳，常来校园盘桓。）言：离校以来，校中各项进展，甚为可观。惟有一事为退步之象征，即在两课休憩之时间，学生坐于阶下抽烟斗者甚多，且时时吐出烟叶口水，既不清洁，又碍观瞻，实属不良现象。又言：彼四十以后，始行吸烟。诸君年至四十而学业有成，再行吸烟，未为晚也。云云。余早年未有烟癖，实受其影响。及至中年，而习惯已成，遂亦无意吸烟自遣矣。

# 武昌时代

（一九〇二至一九〇五年）

　　余自美返国，先至汉口，省视吾兄成之，时任招商局汉局会办。因当时湖北巡抚端方方在罗致新政人才，介余往谒。余往访晤，畅谈甚欢。端嘱其子陪余在楼上书斋谈天。端子问余："舢板两旁之铁条，英文何字？"余告曰："davit"，端子即禀告乃父云："施某学问渊博，胜于梁敦彦。余往日问梁：'舢板铁条英文何字？'敦彦不知。"（余闻而非之。盖人之学养岂可以一字之知否以为鉴定。敦彦固留学前辈，学渊识广，时已为湖广总督张之洞之洋务文案矣。）端方闻之甚喜，遂派余为抚署洋务文案，并兼西北路中学堂监督。时西北路中学堂尚未设立，派余筹办，意在给一名义，稍增待遇而已。后端方欲遣其子游学北美，乃派余为湖北省留美学生监督，于一九〇二年冬率领第一批鄂籍官费生重游北美焉。

　　到美后，吾师康大教授精琪先生（**Prof. Jermiah**

W.Jenks）被邀赴华考察币制，研究改良计划。（精琪于美国并取菲律滨后，曾赴菲整理财政，著称于时。）约余同行为翻译。使馆代办沈桐亦以此来商，余乃商其呈报政府借用，派余同行。其实精琪之行，乃沈桐建议政府邀请者。时伍廷芳任满返国，沈在代办期中，亟欲有所表现也。

余奉政府之派遣于一九〇三年与精琪同行返国。行抵北京，政府派徐世昌接待之。徐为人长厚，对余甚器重。每与精琪有所商谈，必先咨询于余。余随精琪在京先后逗留数月，又赴各省调查实况，分访各地总督，如岑春煊、张之洞辈。并晤见津海关道唐少川先生。少川先生乃留学界前辈，学识胆略，皆为时人所宗仰。又与袁项城交好，对于新进人才广为罗致。项城当时声誉隆起，事业辉煌，得力于少川先生者甚大。

精琪访晤张之洞时，余任翻译。张谈论我国币制情形三刻钟，娓娓不倦。其层次如作八股文章，逐条推说。余陪坐于旁，不能戴眼镜，不能作笔记，只能以手指略记条次，待其说毕，然后传译。译毕，辜鸿铭在座（时为张之洋务顾问），言：余译辞详确，毫无遗漏，较其本人所记尤多。云云。

精琪之行，以我政府并无改革币制之诚意，故无具体结果。数月之后，精琪返美，余亦偕第二批鄂籍官费生再游北美。此行端方之子与焉。顾少川君亦以自费同行。

余为官费生办理赴美留学护照，常至美国领署洽办签证手续。其时美国驻汉口总领事为一牙科医生改业者，每于规定签证费之外，另加收每张护照华币十元，备其自用。余面斥其非，告以此乃非法索款，不能照付。此实美国早期驻外领事行为失检之处，盖其时美国外交人事制度办事章程皆未确立也。

余到美未久，张之洞宫保回任湖广总督原任。端方调补湖南巡抚，移驻长沙。余乃由美回抵武昌述职。

余抵武昌，即到督署述职。当时属员晋谒长官，不能预约时刻，必需到署候见。是日清晨九时往候，至下午二时尚无消息，不觉愤愤思去。时总督府文巡捕许仲青与吾家有旧，乃坚挽余回署共饭。约定明日再来，必能见到。次日再往，果见南皮。（张之洞南皮人，时人称为张南皮。）晤谈后，派为督署之洋务文案。

南皮对洋务人才不甚接近，见面机会甚少，事务指示多由总文案承转。时总文案为汪凤藻先生，字筌台，苏州人，为汪君荣宝之尊人，当时之名翰林也。南皮对于科场名士，非常器重。文案中有毕光祖先生，字枕梅，江苏嘉定人，中式举人，与余交好。余每作说帖，皆托为修辞，毕先生改正之后，往往为余详加解说，尝谓余曰："文章贵在理路清楚，不必作四六骈体，但求辞简意明。古人所谓：'辞达而已矣。'"后毕君离南皮幕府，适余得京汉铁路总办，遂邀共事。及余任滨江关道时，亦邀同往，相处融洽，为助良多。（毕君随南皮任文案十余年，一日南皮忽下手谕，甄别幕僚。毕君不悦曰："吾从宫保十余年，才能高下，彼应知之。何必尚须甄别？"遂拂袖而去。毕离督府，仍住武昌，日读棋谱自遣，渐见穷困。及余得京汉铁路事，乃约同行。）

毕先生劝余处事要脚踏实地。其公牍圆到，其为人赤诚，其见解高超，皆为余生平所服膺。余以一出洋学生，对国内情形隔膜，而能服官州县（滨江关道系地方官）数年得无陨越者，多有赖于毕先生匡助之力也。

余初至南皮处，月薪只银五十元，须自雇轿夫三名，跟班一人，书办一人，加以一切应酬，颇感入不敷出。幸吾兄成之其时在汉，所用袍套衣冠无钱自备者，皆向彼借用。南皮幕府有张望屺君，家有余屋，余租一室以居。张君性情温和，汉文功深，其所作苏体书法，尤为有名。时人求南皮书者，多为此君代笔。

余初至督署，事务清闲。一日，总文案汪凤藻召余商谈鲇鱼套厘卡一案。（鲇鱼套在武昌南门外。）

时汉口为通商口岸，各种货物进口，不须完厘。但洋人往往将武昌及汉阳并包于汉口范围以内，实无根据。当时美国卸任领事之子某在汉口为当地商人包办运输之事，一切洋货进入鲇鱼套厘卡，不肯完厘。风气一开，群相效尤，湖北税收大受影响。往日湖广督署洋务交涉皆由梁敦彦办理，现梁经唐少川先生之荐，为直督袁项城调任津海关道往天津赴任，此案乃交余办理。

余详查公法，确定商埠范围限于汉口，武昌已不在内，而鲇鱼套更在武昌南门之外。提出交涉，必可获胜。当日即告汪总文案：此案可以试办。但须照余之条陈办理：（一）此事须授余全权处置；（二）厘金委员会须听余之调度。余又告厘金委员：（一）收厘时，不许与对方争执。遇有争执，嘱其向洋务文案接洽；（二）不许用武；（三）凡未缴纳税款之洋货，不得放行。

次日船到，满载洋货，拒不完厘。厘金委员扣其货物，嘱对方向余接洽。余面告运货之人，限期纳税，否则船只货物一并没收。包办之人自知理屈，立刻逃脱，运货者照章纳税。此案遂告顺利成功。其顺利情形，实远出于意料之外。

南皮得报，喜出望外。立刻派余兼差七事，其中以铜元局委员一差，为最优美，年终红利甚厚。自此余每月有七百银元之收入矣。而督署同僚对余亦多联络，一时情绪甚佳。

南皮为人甚重形式礼节。属员晋见时，须衣蓝袍，黑马褂，着靴，不戴眼镜。每次接见领事，传译之后，须具说帖。说帖须正楷工书，不许有破体字、简字、别字参杂其间。

英廷知南皮讲究汉学，乃派汉学具有根底之法磊斯（Fraser）为驻汉口总领事（后调任英国驻沪总领事），与南皮相处甚好。法磊斯每次晋见南皮，必先谈汉学，然后谈公事。问答之辞，皆由余于客去后备具说帖，呈阅备案。

余初拟说帖，文笔不能畅达。稿成后，常请汉文文案毕光祖先生斧正，另雇一书办缮正之，应付公事，深觉辛苦。

当湖广铁路借款案发生时，法磊斯赴牯岭避暑，余为商议借款合同事，赴牯岭两次。其时牯岭为洋人避暑山庄，住宅区外设有栏栅，不许华人入内居住。法磊斯之家，屋小客多，不能邀余寄宿，余乃在附近一华人百货商店中寄住。当时目睹英人此种"喧宾夺主"之作风，为之愤愤不平。余乃中国政府派来议事之官员，尚且遭受如此待遇，其他可知。益觉举国图强，收回权益，为刻不容缓之急务矣。

余在南皮幕府将及一年，徐世昌奉派参加五大臣出洋考察宪政之行，因与余在精琪访华同行时曾经相识，电约同行为助。电到，为南皮所知，立即将余之本兼各职，一并开缺。南皮并对左右言："余遇施文案如此之厚，彼尚有意他往。"颇为不悦。余闻之乃访总文案汪凤藻，告以：徐世昌电约同行之事，事先余未预闻，事后亦未应允，未知宫保明其底细否？汪答曰："宫保必有后命。"余留候数日，并无"后命"，遂即离去。

余之离去武昌，在当时，颇视为一种损失。然事后思之，实有"塞翁失马"之意义。若当日南皮不强余离去，余将久困武昌。其地局面不大，人才不多，对余之学识阅历，皆难得有切磋磨练之益也。

# 考察欧美宪政之行

（一九〇五至一九〇六年）

　　五大臣出洋考察宪政之行，以吴樾在北京前门车站掷一炸弹，致载泽、绍英、徐世昌皆不果行。徐世昌留京，入军机处。仅端方、戴鸿慈二人就道。端方又约余同行，余允之。

　　此次考察，先至美国。在美一切旅行应酬，皆由余料理。赴法期间，一切庶务由岳昭燏任之。赴德期间，由温秉忠任之。赴俄期间，由管尚平任之。端方对余极为倚重，沿途事务，不论巨细，皆与余商议而行。

　　同行之人，端、戴之下，有四翰林随行，为熊希龄、邓邦述、关冕钧及长沙知府刘某，皆一时名士。又有顾问、随员若干人。此行因行人众多，且有初次出国缺乏旅行经验者，不免笑话甚多，而办理庶务亦甚感困难，照料不易周至。

　　端方满人，精力饱满，兴趣广泛，酬应游览，皆所喜爱。此行遍访各国，拜客览胜，日夜不倦。当其到欧时，荷兰、瑞典皆邀往游历，但荷廷未送宴会请柬。端方甚切盼之。余与驻使商之荷外部，据复：荷廷甚愿设宴欢迎，但主客必须终席。嗣后探悉，上次李文忠赴荷访问，荷廷设"廷宴"款待之，席间，文忠因腹痛离席，不辞而去。荷兰皇后久待不至，只得散席，然颇失望。自此中国专使访问不再设宴款待矣。故此次有此声明也。

此行考察，端方搜集宪政书籍资料多种，满载而归，原拟编一详尽报告书，以为国内行宪之参考。惜以材料太多，编译人才难得，报告迄未编成。余当时即虑材料太多，编译费时，曾建议仿照《洪文卿日记》之例，作一旅行日记，以便日后追记补述。若将来题材内容过于丰富，自不妨再出专书。然迄未实行，此亦由于端方好高骛远不切实际，一切求全责备，以致日后虽求一简要纪行之作，亦不可得矣。

端方此行与余虽事事开诚，但有一事使余不能无介于衷。即船抵新嘉坡时，岸上聚众欢迎，非常热闹。当地侨领备车来迎，行过闹市，端在马车中，心情不安，与余商量易位，使余独坐于正位之上，盖畏人行刺也。及端返国，奉命督办川汉铁路，约余同行，余遂托病未往。时岳昭燏愿往，乃荐以自代。后武昌起义时，革命党人因端方往年杀害党人甚多，欲得以复仇。端之左右劝其暂避，端乃与其弟端六伪装出川。行至成都荒庙中，为党人识破，立即就擒。党人迫其跪下用刑，端拒不肯跪，遂被杀害。

考察事毕，端方以余此次出国办事辛劳，循"异常保举"

例，行文军机处保荐余以道员存记，尽先补用。

出国考察之前，余与中山唐杰臣先生之长女钰华女士在沪结婚，时光绪三十一年（一九〇五）夏历十一月一日也。岳丈杰臣先生前一岁逝世，钰华孝服未满，婚仪甚简。原拟于婚后同行出国，故匆匆完婚。后因国内政局紊乱，未果同行。婚后钰华随寡母在上海暂居。钰华生于光绪十二年丙戌夏历正月二十一日（即一八八六年二月二十四日），来归时，年十九岁。钰华勤俭贤淑，生平待人以诚，处事劳而无怨，为余生平所敬服。余服官出使数十年，内而抚育子女，外而应待亲朋，皆伊一力任之，使余无内顾之忧，友朋称羡，余心感焉。

# 任职京汉京奉铁路局时期

## （一九〇六至一九〇七年）

　　余随"宪政考察团"归国后，在沪小住，即拟入京一行，料理琐事。适唐少川先生入京接任"督办铁路大臣"，约余同行。先乘江轮至汉口，再转京汉车北上入京。行至中途，忽有先行运料车出轨，少老所乘专车不得前进。专车共分两辆，前辆中人腹饥思食，召管段人员备食，但管段工程师系法人，不懂华文英话（京汉路系比国借款所筑，故路上多法国工程师），双方话言不通，乃至后辆车中乞援，余在后辆，应召而往，即以浅近法语，嘱其备茶备饭。一时饥渴得解，行人称快。

　　抵京数日料理琐事毕，往谒少老。少老一见，即曰："待君久矣！现京汉铁路总办乏人，须得一兼通英、法文者接手，君能法文，盼君接任。"余闻之惊讶，答曰："余之法文，只能应付简易，实非能手。且管理铁路责任甚重，余从无此项经验，断难胜任。"少老又一再言：目前得人甚难，促余勉为之。余时方谋入外务部，无心参与铁路之事。然少老于余，为前辈，为姻长（少老与先岳杰臣先生为同宗，虽出五服，但系同学至好），此命究属知遇，情不可却，乃勉应之。

是年（一九〇六）政府新设邮传部，铁道业务并入该部。唐少老以侍郎主持部务，荐余署右参议，兼京汉铁路总办。右参议系四品京堂实缺，京汉铁路总办系一差事，故为兼职。

就职之日，少老又告余曰："京汉铁路全线通车未久，一切制度章程宜采新法。现行规章积弊，若不立即革除，将来更难整理。望君放手为之，吾为君之后盾。"余感于少老之知遇信托，于到局之始，即着手改进。着重于财政整理、制度厘定、待遇改善及弊端扫除诸事。毕光祖先生随余来局，助余策划。条陈核拟，悉以付之。

京汉铁路虽系自比国借款兴筑，实系法、比两国投资。因此路通京畿国防重地，当时政府政策、民间舆论均不赞成强大外国操有路权，故由比国出面。人事分配上，则行车处处长为法人，银团代表为比人。（粤汉路路权归美承造，因美国素无政治野心也。后美银团无意兴筑，欲以路权转让他国，我方不允，乃向香港政府借款，向美银团收回路权。）

京汉路借款，每年抽还本息，必须按期缴付。若有拖欠，影响路权。故开支方面，必须认真整顿，增加盈余，清偿外债。但本路建筑时所用器材机械皆从俭约，维持费用亦省，如若认真整顿，除付本息之外，可有盈余。惜当年合同规定：所得盈余由中、比双方享之，其利不全归我耳。英国借款所筑铁路如沪宁铁路则材料讲究，且有双轨，成本太大，维持费贵，其病在还本期间太久，而路上收入亦难有盈余矣。英人之所以主张材料讲究者系因料美价高，而材料皆购自英国，英人可以从中多得利润也。

余到任后第一事，为取消免票制度。有官吏来索免票者，余皆于个人薪俸中购票赠之。（时总办薪俸甚丰，月有一千元。）因之索者逐渐减少，增加路上收入甚多。

京汉铁路通过直隶（今河北省）、河南、湖北三省，路线甚长，诸如客票买卖、装运货物，管理不易，弊端丛生。而货车转运，站长每向商人索贿，尤为弊之大者。如北京之猪肉赖城外各乡镇供应，肉商须将牲口运至京城屠宰。若不向站长送酬，则运猪货车可于中途停滞数日使牲口饮食断绝而死。且有将载猪之车故意前后撞击，使牲口相互挤压致有死伤者，肉商为避免意外损失，不得不从优纳贿。凡此情形，皆在余严格查禁之列。

余细查铁路上员工待遇，外籍者因有合同规定薪俸优厚，华籍者比较低微。往年美国铁路创办时亦属弊端甚多，及至员工待遇增加后始渐改善。余乃将华籍员工之待遇增加一成，一面严查弊端尽力整顿。

又京汉路沿线车站及铁路桥梁附近每于年终常有乡民自缢身死，余当时不解何故，后经调查，始知皆为贫苦乡民避免年关逼债者，如在铁路站桥附近缢死，可能得到铁路局之棺殓掩埋，免于弃骨荒野。余闻之恻然，立令沿路各站对此贫苦自杀之人，概予殡葬。当时农村经济之困苦，于此可见。

又关于铁路上器材采购之事，各国商人买办向余兜揽，诱以佣金成数甚大，余皆一一严辞拒绝。日后与友人谈及铁路购料弊端事，有一英人在旁，言："英商一向规矩，不付佣金。"余面告之曰："余在京汉铁路任内，有英商来售器材，许以一成八之佣金者，为余所拒。君愿知其名字否？"英人乃哑口无言。

在余接事未久，适值袁项城在河南彰德举行秋操检阅，将京汉路全线多数车辆调集备用。此次秋操，规模宏大，筹办不易。盖一面要维持正常行车，一面要使军运不误。且直隶总督府之差官多人依势生事，麻烦不堪。幸赖唐少老出面弹压，始得安然渡过。然亦藉此增加阅历不少。

在任年余，一切整理，逐渐就绪。忽有六河沟煤矿公司来商收管支线及减少煤炭运费之事。

缘六河沟煤矿铁路系属窄轨，每次运煤至丰乐镇转装于京汉铁路宽轨煤车之上，既有搬运费用，又有"大煤变成小块，小块变为煤屑"之损失，公司遂有赔累，乃商京汉铁路将六河沟公司支线接管。余商之路局主管部分，皆告：该支线有"行车"、"机务"、"维持"二部分组织，若予接管，所增费用甚大，难以照办。公司继又要求：由京汉路筑一宽轨支线通至六河沟，此则属于加筑支线之事，影响修改中比借款合同，需时费事。六河沟公司见两项建议，皆未被采纳，乃要求将煤斤运费减低，以资补偿。余又告以：煤斤运费，系对各煤矿公司一体待遇，若对六河沟公司予以优待，其他煤矿援例而来，京汉路局难以应付。余告以此事必须从长计议，求得一妥善办法。

六河沟煤矿公司对余拖延办法，深表不满。其股东皆河南绅商，乃商河南籍御史马吉璋参余及邮传部左参议陈昭常（后任吉林巡抚）不孚众望。慈禧太后临朝，顾谓军机大臣曰："该员等既不孚众望，可即换了。"左右参议遂皆开缺。后查邮传部尚书陈璧于六河沟公司有利益关系，亦甚望余之去职也。

余"右参议"之缺虽被参革，而京汉铁路总办之兼差尚在，余依旧到局办事。被参之日，适值京汉路"通车"开行之日，余照例在前门总车站照料（时京汉路上短线客货车虽日有开行，而南北全线通车每星期只开行一次，通车之日余照例到站照料），有人见余依然甚忙，问曰："既遭参劾，何以全不介意？"彼辈以为右参议革后，京汉路之兼差余必辞也。余笑应之曰："施某年事尚轻，办事必求负责。若吾命中尚有前途，则此小小挫折，何足介意。"

后马吉璋闻余声誉甚好，自觉"参"错。乃至余寓道歉，并云："此事前未查明，致有此误。"余漫应之曰："此事已过，不必再提。以后如再参人，宜先查明白，再行参劾。"马乃无言而去。

余尽职无间，邮传部见余并无辞意，乃以部令派余为京奉铁路会办，余遂离京汉路局。

京奉铁路于庚子乱后，英人交还中国政府之时，与我方约定：总办之外，只可派会办一人，担任酬应迎送之事。当时部派会办甚多，皆只有名义，不到任办事，亦不支薪给。京奉铁路系由英借款所筑，故英方有此要求。部方原亦知有此约，其所以派余前往者，意即使余不能到任也。

令发之后，部方派人问余意向。余告以："部既派余，余必前往到任。"部方乃又派人问英国银团态度如何？英方表示："第二会办依约本不接受，但此次可为例外，通融办理。此后不可作例。"余遂于一九〇七年秋赴天津到差，时京奉铁路总局设于天津也。

余在京奉路局会办任内，事务清闲，而待遇甚优，（月薪亦为一千银元，与京汉路局总办同。）每日到局划行而已。余每有改进建议，总办唯唯否否，从不采纳。遇有重要事件，亦不与余商议。时总办周长龄为人圆滑，处事敷衍，无心改善路政也。一日，余发现查报站长运费一案内有弊端，告知总办，宜另查报。总办束手，托人劝余照原议呈报。此后态度稍改，遇有重要事项，亦与余商议而行。次年，余得滨江关道，遂离天津。

# 在哈尔滨任滨江关道时期

（一九○八至一九一○年）

徐世昌总督以滨江关道因事革职，而该处交涉事烦，难得继任人选，属望于余。唐少老时任奉天巡抚，亦促余往。（全衔为吉林西北路兵备道兼滨江关监督。）

余不畏交涉事务之烦难，而畏税收陋规之弊端，因之陈明总督，须将陋规革除，始允就任。徐督以为难。

当时关道自设官银号，每将半年内所收税款待解省城者，放利生息，左右市面，操纵金融，实属与民争利，弊端甚大。余主张将一切陋规（包括"平余""厘金"等陋规）归公，另定关道之薪俸公费，而此项革新自滨江关道开始。唐少老力赞此议。

当时滨江关道收入，月近一万两。余提议取消陋规后，另定关道薪俸公费每月各四千两。徐督以为太多。彼云："陋规"已成习惯，取之无碍。若将"陋规"归公，而另定薪俸公费为数太大，反而易招参劾。其实际情形，未必为朝野所谅解。而当时总督之薪俸公费，尚无此巨额也。

后经一再磋商，规定关道薪俸每月二千两，公费二千两，所有"陋规"全部归公。另兼木殖局总办一差，月薪三百卢布，余遂就任。

余决定赴任，偕毕光祖先生同往。厘金方面，先作改革，傅家甸附近有一厘卡，税收甚多，自余到任，即采用收据连号制度。以往收据，每月用一字号，如正月份以"天"字起号，二月份以"地"字起号，不相衔接。两月之间，抽出若干号数，瞒报上级，留关中饱。在余任内，所有收据皆号数衔接，款数正确，以绝中饱之弊。

其时哈尔滨治安不良，抢案甚多。时道署在傅家甸，吉林交涉局在道内（铁道以内区域谓之道内），余住交涉局内。余上午九时接事，十时交涉局后街即报抢案。同日下午，交涉局附近公园内又有中、俄红胡子抢劫（当地土匪以红巾裹于枪口之上，谓之红胡子）。余颇感棘手，商之毕先生。毕言："既来之，则安之。"唯有徐图治安之道，不可使盗匪当家。

余乃购备军械，积极训练卫兵以维治安。东三省兵士骑术素佳，惟兵器不良。余备短"来福"枪，教以枪术，士卒皆能用命。

东三省法律，盗匪若以军械绑人，官方捉获，可以就地正法。余先后"正法"百余人，秩序稍稍安定。在余到任之前，有日人为红胡子绑去，余到任后，日领事来请协助。余出告示，限期释放，否则用兵剿之。日人果被匪释放。匪有绑妓女者，亦皆得救。于是盗匪散布谣言："要绑道台"，余乃撤去仪仗，每有出巡，只以四卫兵持短枪随行，亦竟无事。

驻哈尔滨美国领事见余士卒机警，亦请派兵保护。余派卫兵二人，在美国领馆保护。服装枪械由道署配给，薪饷则由美领自备。余到任时，仅美、俄、日、法四国设有领护（法国领事为道胜银行内之法籍职员兼任）。后英国、德国亦设领馆。

英国驻哈尔滨领事Sly尝告同僚云："此间交涉事项宜多迁就施道台，使其久于其任。施道台若离任，其规模办法必皆随之俱去，因其方法甚新，同时之中国官吏不能行其法也。"

哈尔滨关道交涉事项对俄者最烦，尤多主权之争。因凡在铁道附近地段，俄人皆认为有行使行政之权。余尝告俄人："俄所有者唯路权，只有行车之权，与地方行政管理何涉？"但俄人在铁道方面既有警卫组织，势难使其完全就范。余尝告诫商人：不可向东清铁路局缴税，因路局无收税之权。某次，商人拒缴税款，竟为路局拘禁两天。经我方提出交涉，始行释放。类此地方事件，皆以我方兵力薄弱，应付困难。然皆由于俄方操有路权之弊也。

余深感路权之弊，乃商徐督作收回东清路权之计划。盖路权如不在俄人之手，则行政方面之诸多掣肘皆可迎刃而解矣。故目前之计在如何从速向中立国家筹借款项以收回之。徐督以为然，乃将余之计划，属胡维贤先生备具说帖，呈请政府核办。时胡先生在总督幕府任汉文文案也。

余在任二十六个月，东三省总督先为徐世昌，后为锡良。滨江关道有往来之上级机关凡五：东三省总督，吉林巡抚，黑龙江巡抚，外务部及税务处。经办事务烦而且重，前任后任无一终局者。余以出洋学生久任此职得无陨越者，得力于毕先生者甚大。就任之始，毕先生告余曰："道署之人，不必多换。'就生不如就熟'，只要长官不贪，下属岂敢舞弊？"前任门房于卸任时，得两万卢布，可谓惊人。盖其地人民好讼，每有纠纷辄求官断。官断胜诉者，乡人悬"官批"示众，从此无人敢侮。门房为收诉状之故，常得酬金。即此一事，其弊如此。余到任后，未换旧人，而前弊俱去。盖本人于薪俸公费之外，不纳分文额外收入，此亦得力于毕先生"脚踏实地"之教也。

余在哈尔滨经办重要案件有：伊藤博文被刺案及张勋士兵正法案。

伊藤之案起于美国铁路大王游历东三省之后。当美国铁道大王哈里曼（Harriman），在东三省考察铁道回美后，美外部即发表东省铁路中立计划。此与余前向徐督所提说帖大同小异。俄、日两国闻知此事，颇为忧急，力谋抵制办法，于是俄派财政大臣，日派伊藤博文会于哈尔滨，商议对策。

余查悉伊藤到站日期，及其专车停驻地点后，即派卫队一排往迎。东清铁路派卫队两排由俄领事率领到站迎候。余因事先得知伊藤下车地位，故中国仪仗队所立地点较俄队为接近。伊藤下车时，余与握手寒暄毕，即陪同检阅仪仗队。伊藤行过中国队伍，即与俄国领事周旋，然后检阅俄国仪仗队。在其检阅俄队时，有一高丽人在俄兵两排之间，日、韩欢迎人群中走出，以枪击伊藤，连放数弹，直至伊藤之头垂到旁立之俄国财政大臣手臂时始止。旋又以其枪中余弹两丸击伊藤身旁之日本领事，此人臂上受伤，但未致命。高丽刺客旋为俄兵所执，乃连呼高丽万岁。此高丽刺客即永垂史册之高丽义士安重根也。

事出，余派人到傅家甸电报局，传令今日电报只许收存，不许发放。同时电告外务部：在此案调查清楚全案报部之前，请勿发表任何文件。若有人问及此事，政府千万不可有"保护不周"之道歉语句，贻日人以口实。

余乃到处设法，调查真相。据刺客口供：高丽复仇团对于此事，筹划多时。彼云："高丽亡于伊藤之手（时伊藤任驻高丽总督），必置伊藤于死地，以复国仇。"又云："彼原拟于车到哈尔滨之前轨道转弯处车行转缓时，登车击之。但因一则不知伊藤专车列于何节，二则车在中国地段，恐累中国官吏，乃改在车站俄国队伍中乘间击之。"余查明此一口供非常确实，乃撰一报告电达外务部，并代撰英文通讯一篇备外务部交《北京日报》英文版发表。俟该通讯在北京刊出之后，余始解傅家甸电报局"扣电"之禁令。其所积压之各国通讯电稿，乃纷纷发出。故此次中国官方之文报，为此案之最先报导。对于刺客口供记述甚详，各国报纸争先转载。日人查其口供系属真实，对我报导无法辩驳，故日方对于此案迄无抗议。

另一案为张勋兵士伏法之事。此则关系地方治安，不得不认真办理。时张勋有兵两营，驻于吉林东清铁路之东，颇为跋扈，在民间生事。据报：有张勋兵士四人，向民间索钱，并用私刑，如以胡椒水灌鼻之类，欺压乡民。事为民间告发，关道为地方官厅，势需受理。然张勋与慈禧太后左右素有往来联络，人多畏惮，驾驭为难。余乃调集证据，请总督府加派法审委员会审，慎重将事。余尚记得当时批语，有云："不问是兵非兵，但问是匪非匪。"后又行文张勋问此四兵士是否假冒。张勋无已，覆云"假冒"。遂皆正法。此案乃毕先生所经办。其人思虑周详，文笔圆到。余任内重要公文，皆出其手，时人多称道之。每谓余以出洋学生而公事熟悉如此，诚属难能可贵。实皆毕先生之功也。

旋徐督为清廷召入军机，东省总督由锡良继任。新督到任，例须甄别。时余方因交涉事件在京未回，锡良促余立即回任。余于回任途中，晋见锡良于沈阳督署。锡良一见，即曰："闻滨江关道收入甚丰，是一小上海道。"（当时关道缺中以上海关道为最优美）余答曰："大帅自州县官至督抚，经验丰富，当知官场人言，是否可信。服官之人，皆言赔累不堪，试问有几人真正赔累。余任关道薪俸公费虽大，但'陋规'一概归公，自信颇为国家兴利除弊。愿大帅自行体察。"

锡良言："余服官多年，未曾听到如此言论，实属别致。"后锡良赴黑龙江巡察，路过哈尔滨，告余："君官声甚好，所有改革确于公家有利，应予实授。"余为历任滨江关道实授之第一人，前任后任皆于署理期中革职也。锡良虑余不满，又奏余升任吉林交涉使，余谢之。其时余已内定入外务部为右丞，滨江关道即拟交卸矣。时在一九一〇年。

两宫去世之时（光绪帝先一日逝世，慈禧太后后一日），哈尔滨谣言甚多。地方官吏循例举哀数日，余甚虑于地方官吏跪拜举哀之时，发生民变，扰乱治安。外国人士亦忧虑及此。余乃格外防范，以备万一。后竟安然无事。

# 任职外务部时代

## （一九一〇至一九一一年）

　　一九一〇年余由滨江关道奏补外务部右丞。

　　入部后，第一事即为筹办招待德国太子来华访问事。德国太子来华聘问，涛贝勒（载涛）奉派筹办招待事，商外务部派两人为助，余为其中之一人。

　　时摄政王当国，其弟载洵、载涛参赞机要，世称洵贝勒与涛贝勒。洵贝勒筹办海军，贪财无度，声誉甚坏。涛贝勒时任参谋总长，为人正派干练，余因筹备招待事与之相识，彼对余礼貌周至，诸多优待。并引见福晋（满语称夫人为福晋。涛福晋出自富家，对涛贝勒用度多所帮助，故涛贝勒以清廉著称于时），与余眷属常有往来。贝勒府每有堂会，余与眷属常被邀与宴，时人羡之。时涛贝勒府出入无门包俗例，见者直入，尤开风气之先。皇室中，其时尚有载泽，世称泽公，办事认真。肃王亦甚开通，有妹嫁蒙古克拉沁王。伦贝子亦属新派，喜与正人联络，后赴美参加圣路易"万国赛会"。

余奉派筹备招待德太子访问事，第一事即在城内觅一王府旧址，加以修缮，立为行辕。涛贝勒遇事与余相商而行，一切顺利。惟采购之事，余不过问，由外务部"丞参上行走"廖某任之。廖得缺时，曾以白银万两送尚书那桐为贽敬，时人称为"万老爷"。此次廖任采购之事，亦那桐所派，不免手续不清之处。涛贝勒亦知之，曾告余曰："采购事，不必参预，以保清誉。"余心感之。其时风气败坏已久，彻底改革甚难，一般正人唯求独善其身而已。

余得右丞时，初次见庆王，送贽敬二千两。（时外务部管部大臣为庆亲王奕劻，尚书为那桐。）门包双份，各十六两，一给男仆，一给女仆。（通常门包为卅二两一份，时王府仆役人多而无薪给，皆赖此以维生。）此在当日，已为极薄之礼仪。

此份贽金，余原不愿送。唐少老告余："庆王开支甚大，老境艰难，内廷对之诸多需索，难以应付。"余之送礼，在得缺之后，非同贿赂，且为数甚少，当时"丞参上行走"且有送至一万两者。余乃勉强为之。

"贽敬"系以红包先置于袖内，在临行辞出之前，取出放于桌上。曰："为王爷备赏。"王爷则曰："千万不可。"然后辞出。此亦前清时代之陋规也。

筹办招待德国太子事尚未办完，而东三省瘟疫事起，德太子取消访华之行，余又奉派办理治疫之事。

东三省瘟疫盛行，据哈尔滨报告，每日死亡率约在百人，而且瘟疫逐渐南行，旅华洋人闻之恐慌。各国人士皆畏与华人往来，北京东交民巷外交团区内，亦限制华人入内。时奥国驻华公使任外交团主席，日日促余急谋治疫之策。

余查pneumonic plague在当时尚无治疗方法，乃建议外务部筹备"万国治疫会议"，邀请各国政府指派专家，共研治疗之法。

各国收到请柬，纷纷派员来会于沈阳。美国派名医Richard Strong自菲律宾来会，并偕Oscar Teague医师同来。德国派一细菌学家参加，日本派著名鼠疫专家Kitesato来会，日方代表以其声望甚高，希望能任会长。余以各国与会之名士甚多，难免争执，乃请政府简派余为"治疫大臣"，而由余任伍连德医师为会长，任会议主席。（时伍连德甫自南洋返国，在京无事。）在沈阳开会四星期，一切由中国政府招待。中国方面参加之医师皆由伍连德邀约，于赴东三省以前，政府代各人保寿险一万元。有北洋医学院之法籍教授应约而往，不及两月，即染鼠疫而死。

治疫会议在沈阳集议两周，各国医师多存观望，惟美医Strong主张解剖尸体，作彻底化验。乃与当地商会商量，取无家属认领之尸体化验之。当时死亡甚多，无棺木为殓，只有火葬之一法。但风气未开，民间反对甚烈（凡有家属认领者由其具领自葬），乃将凡无家属认领之尸体，由哈尔滨商会监督，举行火葬。另由政府调兵两营镇压，维持秩序。中国平民之行火葬与解剖尸体，自此始。

治疫会议毕，日、俄两国政府纷邀与会人员游历大连及哈尔滨各处名胜。中国政府则邀约各员游历北京及其附近之名胜古迹。到京日，由摄政王接见嘉勉，并各赠金牌一枚，以为纪念。外务部并在北京外交大楼邀请女宾，举行舞会欢迎。北京外交大楼之邀宴女宾，自此始。

余到部后，那桐尚书派余与左丞管库。余告以：余曾任外官，景况较佳。管库之事，有额外收入，宜由向任京官兼任，以资调济。那桐以为然。但仍嘱余兼一名义，云库款与琐务可由左参议独任之。余唯画行盖印而已。

当时海关上所收"船钞""罚款"，皆以三分之一解外务部，存于"库"中；积存既久，利息亦大。管库之事实由一"苏拉头"（满语："苏拉"为"茶房"）管理之。库款所收利息，除以一部分为管库人员之津贴外，每年年节万寿贡品，以及外务部派赴内廷值日同仁之宴费，皆在其中开销。此项库款虽诸多走漏，而至国民政府接收时，尚有现款八十万元移交南京外交部接收。

余在部时，管部大臣为庆亲王奕劻，尚书为那桐，侍郎为胡维德、曹汝霖。庆王向不到部，外宾请见，皆到王府晤谈。那桐虽常在部，但于各国使节例会之日，则避不到部。通常外使来见，由尚书、侍郎或丞参接见，由翻译记录问答，次日呈送尚书及管部大臣核阅。

内廷值日，每十日一次，例由尚书、侍郎往值。余以经办事多，亦常被召入军机处，以备咨询。部中对余之建议，多所采纳。同事相处，亦颇融洽。

余到部约一年。一日，那桐尚书忽召余至其官邸议事。余至，寒暄毕，彼出俄国钦差说帖一件，内容系要求滨江关将往年多收税款及当时卢布作价多收银两一百余万两算还。那桐查知系余在滨江关道任内时事，乃与余商谈办法。余告以："当时海关以吉（林）票黑（龙江）票无定价，乃以一个半卢布作一关两，库平则定一点一五卢布为一两，虽系多收俄人之款，乃当时海关所定之价。且余任内未立'官银号'，以所收卢布，实数报解黑龙江、吉林两省。东省总督府有案可稽。此时如须算还，可备文向吉、黑两省追算。且此案事隔数年，俄方当时既无抗议，在交涉惯例上，实已视同默许。此时抗议，应无效力。"那云："此时若问吉、黑两省追算，万不可能。不如就'默许'一点，备文覆之。"余乃备一说帖覆之，此后再无来文。余当时颇回味毕光祖先生"脚踏实地"之论。大凡办事，当时若能"脚踏实地"，事后便可永无纠纷，而心境常有泰然之乐。

当时外务部尚有一机要股，负责办理《北京日报》之英文稿件。缘当时外务部常有驳斥外人之言论，不欲由外部出面，乃在该报发表议论驳斥之。该股人士在名义上，不属于外务部，经费则由外务部负责。吾友颜骏人专办此事。

机要股所撰文稿多在《北京日报》英文版发表（Peking Daily News）。华文《北京日报》原为朱淇所有，因之英文版亦归之。惟代表政府发表官方之社论而已。

四川民变发生时，英使朱尔典得到消息，约见庆王，云："有紧急事件求见。"是日为星期日，约定下午四时晋见。庆王以电话约余于下午三时以前先到王府一谈。余至，庆王询问外务部近日有何紧急事件？余择重要者逐一言之。王云：不像。及朱来见，云得四川领事报告，革命情形非常严重，要求王爷派兵镇压。后形势扩大，"武昌起义"遂乃随之而起矣。

在朱尔典未到之前，庆王言蒙古对俄交涉异常难办，拟调驻海参崴总领事毕桂方（满人，原名桂芳，后加一毕字为姓）往任驻科布多办事大臣。海参崴地方亦属重要，嘱余保荐熟悉对俄交涉之人接任。彼明日上朝时，奏请以上谕发表。余心中欲荐哈尔滨关道任内之法审委员主任徐时震（字松山），但一时想不起徐之官名，只记其号。上谕不能以别号发表，故覆告庆王：明日到部时，查保一人。庆王云：此事甚急。明日天明上朝时，即须奏保。及英使朱尔典辞出后，庆王又促余即荐一人。余不得已，乃荐陆士元。陆虽亦曾任哈尔滨法审委员，但其才力经验皆逊松山远甚。因余是晨得陆之信，故对陆名印象深刻。海参崴地位冲要，素称优缺，令发之后，人皆知陆为余所保荐，各方多有微词，实皆不知当时情形如是也。后毕桂方他调，余乃荐徐时震继任驻科布多办事大臣。徐不久在科布多病逝，殊为可惜。人生遭遇，得失祸福，有非意料所及者，此事殆为一例。

一九一一年（宣统三年）余以外务部左丞，简放出使美日秘国大臣。未及赴任，而民国改元，遂留京。

# 民初居京时代
## （一九一一至一九一四年）

宣统三年，余以外务部左丞简放出使美日秘国大臣，未及
赴任，而民国改元，遂留京闲住。

及孙大总统退职，袁项城就任总统，唐少老出组第一任内
阁时，少老邀余入阁，任交通总长，在财政总长熊希龄未到任
前，兼署财政总长。在组阁之初，少老备极辛劳，百凡蝟集，尤
多府院间调停折衷之事，少老嘱余为助，奔走应付。未久，余
病，遂辞职，居京养病。

当第一次内阁组成时，少老问袁项城："新政府采何制
度？系总统全权制，抑内阁责任制？"袁答曰："总统内阁，相助
而行，不分彼此。"谈话历两小时。当时南方代表参加者有蔡元
培、宋教仁诸先生，皆主责任内阁制，其中尤以宋教仁最为激
烈。余看当时辩论情形，知南北合作，断难圆满。此后宋乃游说
各省，号召组织政党内阁，虽寓有政治教育之意义，而袁则深

畏忌之,袁见宋为人刚直锋利,议论动人,既不可以利诱,又不可以威胁,乃于民国二年(一九一三年)三月使人刺死于上海沪宁车站。袁不能容宋,而又出此下策,为当时清议所鄙弃,于其声望,影响甚大。

余病愈后,简放驻美全权公使,以议院反对,未能通过。余遂奉派为总统府大礼官,时民国三年也。

其时袁项城接见外宾,向由蔡廷幹任翻译。蔡文学根柢甚好,但译词不尽忠实,往往逢迎袁意,以为出入。

袁于摄政王当政之初,退休故里。及武昌起义时,摄政王又召之出山。袁到京时,偕蔡廷幹访英使朱尔典,询问英方对其本人出山之态度。英使答云:

"Any government with you as its head, the British government will support."

蔡译为"阁下如为政府元首,英国政府无不支持"。袁当时误会此"元首"有皇帝之意,彼如称帝,英愿支持。实则英政府为内阁制,政府元首即阁揆也。袁氏称帝之野心,于此乃益增强。

后袁氏翻译,换一饶某。某次袁见美籍顾问古德诺(Frank Goodnow,曾任美国Johns Hopkins大学校长)询问对于宪政之意见。古不明袁意所在,因之彼此问答,全不接头。袁乃召余入府,兼任译事。此后袁见外宾,皆由余为之传译。唐少老曾告余曰:"袁项城野心称帝,征询各方意见。传译之时,务要留心。"余乃格外谨慎为之。每次接见外宾，问答之辞，皆备说帖，仿照往日在张文襄（之洞）幕府之例，以备稽考。闻某次与古德诺顾问谈话说帖，为梁燕生（时任总统府秘书长）改易数字以进，以暗示古德诺亦赞成帝制。实则古为人正直，决不就袁意为言也。

当时袁氏之外籍顾问与余频有往来，时时交换意见，颇增阅历。日籍顾问有贺长雄（Nagao Ariga）与余亦交好，彼对各国外交政策每有评述，彼言：美国外交运用最为笨拙，远不如欧洲外交运用之自如灵活。云云。此盖由于美国立国未久，地大物博，既未久遭忧患之苦，而民性又淳朴直率之故也。

时对英交涉事繁，袁项城对驻英公使刘玉麟不满，意欲易之，而属望于沈瑞麟（时驻奥公使）、陆征祥及余三人。适英使朱尔典因事来见，袁就商之。朱使表示：英方愿得一阅历较广而又于英美政情较为熟悉者任之。余遂受命为驻英国全权公使，于是年（一九一四）十二月八日抵伦敦任所。此任七年，直至一九二一年始调任驻美公使赴华盛顿就任。

# 自定年谱

一八七七年四月十日（清光绪三年丁丑夏历二月二十七日）生于江苏省震泽镇之纯孝里。

一八八六年（光绪十二年）入南京妙香庵江宁府立同文馆肄业一年。以在南京患湿气病，转沪就学。

一八八七年（光绪十三年）入上海梵王渡圣约翰书院肄业三年。

一八九〇年在上海入胡维贤先生主办之国文学院，专习汉文两年。

一八九三年（光绪十九年）随出使美日秘国大臣杨儒赴

美,任驻美使馆翻译学生。是年八月抵华盛顿任所。公余,在美京市立中心中学(Central High School)读书。

一八九七年(光绪二十三年)伍廷芳继任出使美日秘国大臣,留任为随员。是年夏,毕业于中心中学。辞使馆随员职务,赴绮色佳城(Ithaca)之康乃尔大学(Cornell University)就学。

一八九九年秋(光绪二十五年)出使俄国大臣杨儒奏调为驻俄使馆随员,并派赴海牙,出席"弭兵会议",任中国代表团参赞官。

一九〇〇年秋赴美,回校续学。次年(一九〇一)在康乃尔大学毕业,得文学士学位。

一九〇二年修毕康乃尔大学文学硕士学位。是年夏,返国,任湖北抚署洋务文案,兼西北路中学堂监督,湖北省留美学生监督。冬,率领第一批湖北省公费学生赴美。

一九〇三年陪同精琪教授(Prof.J.W.Jenks)回国,考察币制,分赴各省调查币制实况。是年冬,率领第二批鄂籍公费生赴美。

一九〇四年任湖广督署洋务文案，兼铜元局董事等七差。经办鲇鱼套厘金案。

一九〇五年随端方、戴鸿慈"宪政考察团"赴欧美考察宪政。回国得"异常保举"，在军机处以道员存记，尽先补用。是年十月一日，与中山唐杰臣先生之长女钰华女士在上海结婚。钰华生于一八八六年二月二十四日（光绪十二年丙戌夏历正月二十一日）。

一九〇六年署邮传部右参议，兼任京汉铁路局总办。是年九月应政府考试，得最优等法政科进士。

一九〇七年调任京奉铁路局会办。

一九〇八年派署吉林西北路兵备道，兼滨江关监督，加参领衔，兼吉林木殖局总办。在任二十六个月。是年四月五日长子耿元（字思明）生于天津。次年十二月二日长女蕴珍生于天津。

一九一〇年升任吉林交涉使，旋调任外务部右丞。

一九一一年（宣统三年）转外务部左丞，旋简放出使美日秘国大臣，未及赴任，而民国改元。

一九一二年（民国元年）三月唐绍仪组阁，特任为交通总长，兼代财政总长。旋因病辞职。病愈后，任总统府大礼官。是年十月十五日次子聪元（字棣生）生于北京。次年七月三十日次女瑞珍生于天津。

一九一四年（民国三年）至一九二一年任驻英全权公使。一九一四年十二月八日抵达伦敦任所。一九一九年一月任出席巴黎和会中国政府全权代表。同年八月二十一日三女瑛珍生于伦敦。

一九二一年调任驻美全权公使，二月二十二日抵华盛顿任所。（在任八年。其中返国一行，住约一年，署理外交总长四个月。又赴土耳其、加拿大一行。）

一九二一年十一月至次年二月，特任出席华盛顿会议中国代表团首席代表。会议经过，详见韦罗璧教授（Prof. W.W.Willoughby）所著China at the Conference-A Report一书。（The Johns Hopkins Press, 1922）

一九二三年一月张绍曾内阁邀任外交总长，一月署理，四月辞职，回驻美公使原任。

一九二四年特任出席日内瓦国际禁烟会议第一次及第二次会议中国全权代表。会议经过，详见韦罗璧教授所著Opium as an International Problem-The Geneva Conferences（The Johns Hopkins Press, 1925）一书。是年二月三日四女嘉珍生于华盛顿。

一九二六年赴土耳其，访问土总统。

一九二九年调任驻英全权公使，在任三年。

一九三〇年特任出席国际联盟中国全权代表，旋任出席该会理事会中国全权代表。

一九三二年调任驻美全权公使。一九三五年使馆升格，政府特任为驻美全权大使。

一九三七年五月辞任返国，六月初到沪。

一九三七年至一九四〇年隐居上海。中日战起，任国际救济会宣传组主任。创办上海防痨协会及附设医院，任董事长。

一九四一年六月赴美，任中国物资供应委员会副主任委员。是年六月十二日美总统罗斯福聘为"美国南非洲国际和平五人委员会"非美籍委员，代表美国。该委员会依据一九四〇年所订条约处理将来两国间可能发生之任何争执案件。

一九四五年六月联合国在金山举行国际组织会议，通过《联合国宪章》，任中国代表团高等顾问。

一九四八年至一九五〇年任国际复兴开发银行顾问委员会委员。

一九五四年秋患脑溢血症，肢臂麻痹半载，后虽逐渐康复，行动如常，但精神从此大不如前，记忆力亦渐趋衰弱矣。

〔按：施肇基（植之）先生于一九五八年一月四日逝世于美国。〕

# 跋

陈之迈

　　一九六○年正月，我忽然收到施植之（肇基）夫人自香港寄来一册书，名为《施植之先生早年回忆录》，封面上有胡适之先生的题签，右旁有施先生全身画像，深得施先生的神采，惜未标明是何人所画。施先生曾为此书写一篇简短的自序，说明胡适之先生曾劝他写自传，他迟迟未曾着笔。晚年他在"茶余饭后之暇"追述往事，由傅安明（明安）先生笔记下来，"以存掌故……于余身后付印，分赠友朋，聊供玩赏"。书首另有胡先生的一篇序文，说明傅安明先生笔记施先生的口述，到一九五四年秋天，施先生大病之后，记忆力衰退，不能继续。所以这本书所叙之事只到民国三年施先生第一次出任驻英公使之时为止。施先生生于清光绪三年（一八七七年），因此此书所记的是施先生生命中前三十七年之事。施先生享寿八十岁，他在我国外交上负重要责任之时期，是在民国三年到民国二十六年之间。可惜他在这二十三年间的事迹没有能够记录下来。

一九六二年，我又收到施夫人自华盛顿寄来《施植之先生早年回忆录》的英文译本一册，英文题目为"Sao-Ke Alfred Sze: Reminiscences of the Early Years"，译者为Amy C.Wu女士。我曾将译文细校一遍，深佩其译笔忠实流畅。译本除了包括施先生的自序和胡先生的序文外，并加了美国人洪贝克博士（Dr.Stanley K.Hornbeck）所撰一篇序文。洪贝克博士在清末留华多年，担任浙江高等学堂教职，著有几本关于远东国际关系的书籍，传诵一时。他后来担任美国国务院远东事务司司长，前后十二年。民国三十三年出任美国驻荷兰大使。民国三十六年退休，在华盛顿居住，从事著作，多次撰文从国际公法观点说明美政府不应承认中共政权，颇为美国朝野所重视。洪贝克博士与施先生公私交谊既久且深，由他作序是很适宜的。可惜这篇序文很简短，除了赞扬施先生的家世及为人外，未及其他方面，大约是因为限于本书的内容。

傅安明先生任职于我国驻美大使馆多年，是施先生的部下。第二次世界大战后他辞却了大使馆的职务，留居美国。他能够根据施先生的口述，写成这本书，是值得我们称颂和感谢的。

傅先生从事此一工作时，我也在华盛顿。当时我也有意在驻美大使馆的档案中收集中美关系早年的资料，作些研究。驻美大使馆馆舍当时设于华盛顿西北区第十九街二○○一号。

这所房子是清光绪二十三年（一八九七年）伍廷芳先生任驻美公使时所建筑的。早年的档案都保存在那里，虽然很散乱，费些时间气力总可以整理出来。因为施先生远在清光绪十九年（一八九三年）即到华盛顿担任杨子通（儒）钦差大臣的翻译学生，其后两度任驻美公使，且为驻美第一任大使，最值得研究。我的计划是先就档案中关于施先生的部分整理出一个大纲，然后逐项向施先生请教补充他本人的经历和感想。当时我曾签请顾少川（维钧）大使招聘两三位留美学生在暑期中协助我从事这项工作。不料驻美大使馆在民国三十六年迁移到华盛顿西北区麻省大道二三一一号。这次馆址的迁移是很有理由的，因为大使馆原址经过五十年的使用已陈旧不堪，附近一带也颇形破落，而麻省大道正是各国使馆林立之区，新的馆舍虽非自建的，却是一位富豪过去的寓所，内外均相当的堂皇。但是在这次大使馆的迁移中所有的旧档一律装入巨大的木箱中，搬到新址后堆在地窖里，杂乱无章，什么都找不到了，因此我的研究计划也就根本无从实现了。

民国二十年九月十八日沈阳事变爆发，我国驻美公使馆可以说是在一种真空状态之中。当时中国驻美公使出缺，由参事严鹤龄先生任代办。严先生本是很有能力的，不幸他那时体弱多病，应付忽然剧增的馆务颇感力不从心。为了应急起见，他有意在留美学生中物色帮忙的人。我那时在纽约哥仑比亚大学研究院肄业，已通过博士口试，正在写作论文，照哥仑比亚大学的制度,论文初稿教授是不予指导的,用意在训练学生自己摸索,寻找材料。华盛顿的国会图书馆可以利用,且远较哥仑比亚大学图书馆为佳。我于是抱着青年人"读书不忘救国,救国不忘读书"的一片热诚,应征到公使馆工作,预备在国会图书馆附近租一间房间住下来,日间到公使馆工作,夜间到图书馆研究。我是清华官费留美学生,我到公使馆工作的计划很顺利的获得当时清华留美学生监督赵元任先生的准可,于是我便在民国二十年的初冬到了华盛顿。

我到公使馆报到,接见我的是一等秘书龚安庆先生。龚先生任职民初外交部,和我父亲同事,我幼年时曾见过他,并且和他打过几次网球,所以他接见我时倍觉亲切,使我顿时消失了初次进入官府的惊惶。龚先生告诉我,我在公使馆的名义是甲种学习员,工作是译电和抄字,每月报酬美金六十元。我那时仍然可以照领清华官费每月美金八十元,在美国经济不景气的情况下,物价狂跌,每月有一百四十元的固定收入,已是相当充裕的了。我的办公室在馆舍后面一间黑暗的房间里,同在那里办公的,一位是主事卢心奋先生,一位是美籍打字员马沙郎夫人(Mrs.Ethel Marceron)。卢先生是广东人,专办中文文牍,在馆服务已有多年。我初到时承他多方指导,尤其是教我如何译电,使我衷心感激。

国难当前,驻美公使馆这个空虚局面是应当急谋纠正的。果然在民国廿一年的早春,国民政府便任命施植之先生为驻美公使。施先生那时五十五岁，正当壮年，但是在我国外交界中已是一位耆宿。他曾远在民国三年担任过驻英公使，在伦敦渡过第一次世界大战危疑震撼的局面。他是我国出席凡尔赛和平会议的代表，曾协同陆征祥、顾少川、王儒堂（正廷）等先生力争山东主权，并且是主张拒绝签署《凡尔赛对德和约》的一人。五四运动时我才十一岁，没有资格参加，但是对于当时力争国权的几位外交大将，包括施先生在内，我早已衷心仰慕。施先生在代表我国出席凡尔赛会议后不久即调任驻美公使（民国十年），并在是年担任我国出席华盛顿会议首席代表，为争取不平等条约的废除，为国家立下了许多汗马功劳。代表我国出席华盛顿会议，签订《九国公约》，是施先生外交生活里一个最高峰，当时协助他的美国教授韦罗璧曾著专书将会议经过详细记录下来（W.W.Willoughby："China at the Conference"，The Johns Hopkins Press，1922）。施先生在华盛顿会议的辉煌成就使得北洋政府国务总理张绍曾延揽他为外交总长，他在民国十二年初回国担任此职，但只署理了三个多月，在是年四月间又回任驻美公使之职。他这次担任驻美公使至民国十八年，前后有八年之久，事后我曾多次听他在茶余饭后谈及他的经验。北洋军阀时代，内战连年，政府不断的更迭，究竟政局怎样演变谁也弄不清楚，驻在国政府和人民来询问时往往无从作答。程天放先生的《使德回忆》里有一段说：

北京政府时代造成了一批职业外交官，这些职业外交官向来认为外交是他们的天下，不容旁人插足……中国传统的外交官是不讲思想，不谈主义的。他们认为外交官只要对外交涉奉命行事就够了。国内政争……在他们看来是和外交官毫无关系的事。(《传记文学》第八卷第四期)

施植之先生正是北京政府时代的外交官。他奉命出使英、美，担任中国的代表。他个人讲不讲思想，谈不谈主义，是另一回事。在国际公法上他的地位是中国元首的代表，在北京政府时代也就是袁世凯、黎元洪、曹锟、徐世昌、张作霖这些"中国元首"的代表。这是外交体制上的事实。他可以不干驻外公使，让这些军阀派他们的喽啰马弁出使外国。他不忍出此而使中国在世界上丢人，所以他干了。他既干了他就不能挂着"袁大总统"代表的名义在英、美活动讨袁，他也不能在英、美反对曹锟贿选，或对直奉战争有所偏袒。他的内心是痛苦的，沉重的，但是我们应当感谢他们，在这个大混乱时代，仍然有他们这样的人在国外支撑一个比较像样的局面。北京政府时代驻外使馆时常不能依时领到经费，馆长就得尽力解决馆员的生活，使馆的开门七件事也得维持。这都不是容易的，也亏得有施先生这样的人才使驻外机构不至于关门。程先生的外交生活比北京政府时代外交官的生活幸运多了。他代表的是国民政府，是有主义，有政策，稳定的，不欠薪的国民政府，他代表的是蒋主席、林主席，所以他的问题简单得多了，因此他可以放手做去。其实北京政府时代的职业外交官国民政府亦多有擢用：颜惠庆、施肇基、郭泰祺、顾维钧、郑天锡、钱泰等先生，在国民政府时代都曾任过驻外使节。除了逝世的和年老退休者之外，在对共党的斗争中他们也曾出过大力，顾维钧先生就是一个显例。可见程先生对他们的责备不见得公平。

民国廿一年，国民政府调派施先生重任驻美公使。我们听到这位资历湛深，德高望重的人来主持对美外交，真是高兴极了，何况国民政府在发表施先生为公使之后又连续发表一批得力的馆员，先后来到华盛顿，第十九街的陈旧馆舍顿时活跃起来，显得蓬勃而有生气，来策应眼前的国难危机。

施先生到任之初，第一件事是分别接见馆员，连我这个甲种学习员也单独召见。这是我第一次见到施先生，也是生平第一次晋谒大官，心情真是紧张极了。我进入他的办公室见到的是一位头发有些斑白，戴着深度眼镜，两手有点抖颤的忠厚长者。他用英文对我说话，大约是测验我的英文程度。他首先对我说他和我父亲是同事，老朋友（其实他任外交总长时我父亲在外交部任秘书，应该是他的部下），然后问到我父亲的近况和健康，可见他召见我前已经将我的来历弄清楚了。他继续对我说，今后我可以不必再做译电和抄字的工作，我既通晓英文，又受过高等教育，可以改在新任一等秘书夏晋麟先生指导下做对外工作，尤其是草拟对外的函稿。我担任这项新工作几个月后，施先生又召见我，说我的工作做得不错，故已向外交部保举我为三等秘书，并且已亲函外交部长罗文幹先生推荐。他说明他此一举动是中国外交界培植后起人才，并不是因为我父亲的关系。施先生这个推荐使我既感激又惶恐，因为从甲种学习员到三等秘书是跃升四级，中间还隔着主事和随员两个阶段，照通常的例规，每两年递升一次，也要六年时间。

隔了几个星期，南京外交部的批示来了。我资格不够，不能任三等秘书，也不能任随员，只能任主事。施先生收到外交部命令后对我说，主事的地位太低，且不在外交编制之内，逐级递升太费时间，不宜接受。我接受他的劝告，不久便离开公使馆，于完成学业后返国，到国立清华大学教书去了。施先生第二度任驻美公使，至民国二十四年，公使馆升格为大使馆，施先生被任为大使，至民国二十六年五月全面抗战开始的前夕。他卸任后返回上海居住，从事社会事业。他是时已年登花甲，他的志愿该是从此息影林泉，颐养余年了。

中日战争的爆发使中美关系日益密切，美国《租借物资法案》成立后，事务尤为繁重。中国政府为了使各项物资能够源源输入起见，曾在华盛顿设立中国物资供应委员会，英文名称为China Defence Supplies，简称C.D.S.，由当时外交部长宋子文先生主持。民国三十年并聘施先生为该会副主任委员。施先生乃于是年六月再度到华盛顿担任这项繁重的工作，一直到该委员会在民国三十六年裁撤为止。在这个期间，施先生又在民国三十四年春被政府聘任为中国出席国际组织会议（通称为金山会议）代表团高等顾问。这个代表团共有代表十人，以外交部长宋子文先生为首席代表，其他九位代表则为政府高级官员，各党派代表和社会贤达。此外代表团有高等顾问一人，就是施先生。国际组织会议的唯一任务在制订《联合国宪章》，六月间各国代表在《宪章》签字后即行散会。民国三十六年，供应委员会裁撤，施先生复于翌年应聘为国际复兴开发银行顾问委员会委员，至一九五〇年退休，即在华盛顿留居养老。那时他已是七十三岁的高龄了。

我在民国三十三年六月，奉派任驻美大使馆参事。我自战时重庆飞到华盛顿后即去拜见施先生。那时他的住所在西北区第十六街二四〇〇号公寓中。施先生和施夫人见到我都非常高兴，立即留我晚饭，从详询问我们别后十二年的状况。在这十二年中我们没有通过信，但是施先生竟知道我在清华和北大教的是《中国政府》的课程，并且知道我在行政院所经办的是地方行政的案件。施先生对我说："我听到这些消息，以为你已放弃外交这一行了。现在你既又回到这一行，我感到很大的安慰。你在内政上有些经验，对外交工作是很有补助的。我认为当年劝你回国是不错的。"我在此后十一年中住在华盛顿，经常有空便去看看他老人家，几乎每次他都和我侃侃而谈，偶而留我晚饭，饭后打打桥牌消遣。在这几年中我们所谈的自然是国内国外的时事，他对于战后的复兴，共党的作乱，美国对华政策等等自然十分关心。但是他的谈话有一个极堪注意的特点，那就是他绝对不问及我在大使馆和出席联合国代表团工作的内情。在这一段期间中，驻美大使是顾维钧先生，联合国代表是蒋廷黻先生。我所担任的是襄赞这两位长官的工作。施先生不问大使馆和代表团的内情，据我看来，有两个原因。第一，他已脱离政府工作，不在其位，不谋其政，所以他从来不批评政府及政府官员的利弊得失，他绝不乱出主张，不发牢骚，更不骂人。这并不是他对国事漠不关心，只是因为以他丰富的经验深知外交的事务几乎每一件都有其错综复杂的背景，而且都有其机密的部分。他既已不负实际责任，就不能尽量明了这些内情，单凭看报就滥发议论，批评指摘，不是无的放矢便是有所偏差。第二，他深知我是外交官员，关于我所经办的事，对外有保密的责任。他虽然不能认为是纯粹的外人，但他倘问我什么事，我不作答既然不妥，我作答则又使我有亏我的职守，所以最好是不问。他这种态度是几十年来从事外交工作所得来的修养，这个大原则在我们数十次的谈话中他始终信守不渝，这真是令人衷心佩仰的。

　　施先生一生最大的福气是他有一位贤淑美丽的夫人——唐钰华女士。他们是在光绪三十一年（一九〇五年）在上海结婚的，其后五十年相伴，夫妇的感情老而弥笃。在这漫长的岁月中，施夫人于主持家务之外，在伦敦、在华盛顿的社交中都有适度的活动，一方面辅助施先生广交驻在国的人士，应酬交际，一方面则做得恰如其分，不穷酸，也不奢侈，处处顾虑到国家所居的地位，所有的社交场合绝不以豪华炫耀于人，而同时又使参加者有快乐亲切之感。在这些方面施夫人的成就是卓越的，在华盛顿有口皆碑。施先生夫妇生有二子四女。长公子思明在英国习医科，学成后到美国，受聘为联合国秘书厅医务官，一直没有间断直至今日。次公子棣生在美国某商务公司任事。四位女公子我不大熟悉，只知长女公子蕴珍（英文姓名为Mai Mai Sze），曾将《芥子园画传》译成英文，并作了一篇很长的介绍中国绘画哲学背景的论著，于一九五六年在美国出版。这部论著单独印成一册，《芥子园画传》的译本另成一册，两巨册合成一函，统称《画道》（"The Tao of Painting"），印刷特别精美，并且有几张中国画的影印插图，附在书内。可惜这些插图只采自美国各博物馆、美术馆的收藏，故宫的精品未被采用。近闻这部书已翻印为纸皮本（paperback），以广流传。

施先生的生命中经过我国近代历史上几次的巨变：辛亥革命、军阀内战、北伐成功、对日抗战、共党之乱。除了大陆变色时他已经退休以外，其他的巨变他都直接或间接参与，而且在危难之中有其贡献。他之所以能够有此成就，据我看来，应当归功于他为人处事的态度：镇定、周密、实际，而且处处以大体为重，不计较个人的利害得失。这本书里叙述他早年的经历，有两件事最值得注意。第一件是他自述担任京汉铁路总办革除积弊的事，他说：

> 余到任后第一事，为取消免票制度。有官吏来索免票者，余皆于个人薪俸中购票赠之……因之索者逐渐减少，增加路上收入甚多。

他在说这个故事时并且解释称："时总办薪俸甚丰，月有一千元。"其实薪俸的多少与这件事没有直接关系，因为高薪只能说明他有经济能力为官吏买车票，并不能说明他肯从薪俸中拿出钱来为官吏买车票，而且我们很可以想象得到，向京汉铁路讨免票的官吏中尚有薪俸比施先生还高的。这本书中另外一件值得注意的事是施先生在哈尔滨处理朝鲜志士安重根刺杀伊藤博文一案的经过。他说：

> 事出，余派人到傅家甸电报局，传令今日电报只许收存，不许发放。同时电告外务部：在此案调查清楚全案报部之前，请勿发表任何文件。若有人问及此事，政府千万不可有"保护不周"之道歉语句，贻日人以口实……余乃到处设法，调查真相。据刺客口供：高丽复仇团对于此事，筹划多时……必置伊藤于死地，以复国仇……余查明此一口供非常确实，乃撰一报告电达外务部，并代撰英文通讯

一篇……俟该通讯在北京刊出之后，余始解"扣电"之禁令……故此次中国官方之文报，为此案之最先报导……日人查其口供系属真实，对我报导无法辩驳，故日方对于此案迄无抗议。

施先生处理这件突然发生而含有重大政治意味的案子，手法的高明，结果的圆满，委实令人惊奇。那时他仅是三十岁出头的人而能在遇到急变之时如此镇定，好像早有计划似的一步一步做去，终于达到使日本人不能乘机向我国责难的目的，正是他过人之处。

施先生从事外交工作数十年，但他不是一位所谓风云人物，许多大事经过他手好像都显得平淡无奇，一件一件的处理过去，听不到他慷慨激昂的呼声，他所努力所得的结果也不令人有拍案惊奇之感。他办外交就好像栽培花木一样，经常的照顾，浇水施肥，到时便会开花结果。欣赏花果者未必知道谁是栽培者，但栽培者是存在的，被欣赏的花果就是他存在的证明，用不着"多着痕迹，以取干名钓誉之讥"（施先生所作本书自序语）。国人几乎人人知道顾少川先生在凡尔赛和会中的精彩表演，然而现在很少人忆及施植之先生是华盛顿会议我国的首席代表。但是施先生的功劳是有记录的。在这些记录里施先生的姓名虽然不常出现，他为国家争到的利益则是人所共知的。我们很侥幸能够读到他生命中前三十七年的简略记述，我们在读完这本小书之后，似乎应当从中国现代外交史中去追寻他生命中后四十三年的事迹，然后我们就能够明了我国废除不平等条约早年奋斗的经过，并且可以看到今日中美合作前贤所奠立的基础。

## 历任我国驻美公使大使一览表
陈之迈编

**公使陈兰彬**：清光绪四年（一八七八）至清光绪七年（一八八一）

助理公使容闳

**公使郑藻如**：清光绪七年（一八八一）至清光绪十二年（一八八六）

**公使张荫桓**：清光绪十二年（一八八六）至清光绪十五年（一八八九）

**公使崔国因**：清光绪十五年（一八八九）至清光绪十八年（一八九二）

**公使杨　儒**：清光绪十八年（一八九二）至清光绪廿三年（一八九七）

**公使伍廷芳**：清光绪廿三年（一八九七）至清光绪廿八年（一九〇二）

**公使梁　诚**：清光绪廿九年（一九〇三）至清光绪卅三年（一九〇七）

**公使伍廷芳**：清光绪卅四年（一九〇八）至清宣统元年（一九〇九）

**公使张荫棠**：清宣统元年（一九〇九）至民国二年（一九一三）

**公使夏偕复**：民国三年（一九一四）至民国四年（一九一五）

**公使顾维钧**：民国四年（一九一五）至民国十年（一九二一）

**公使施肇基**：民国十年（一九二一）至民国十八年（一九二九）

**公使伍朝枢**：民国十八年（一九二九）至民国廿年（一九三一）

**公使颜惠庆**：未到任　严鹤龄任代办

**公使施肇基**：民国廿二年（一九三三）至民国廿四年
（一九三五）

**大使施肇基**：民国廿四年（一九三五）至民国廿六年
（一九三七）

**大使王正廷**：民国廿六年（一九三七）至民国廿七年
（一九三八）

**大使胡　适**：民国廿七年（一九三八）至民国卅一年
（一九四二）

**大使魏道明**：民国卅一年（一九四二）至民国卅五年
（一九四六）

**大使顾维钧**：民国卅五年（一九四六）至民国三十八年
（一九四九）

这张表是我早年在驻美大使馆任职时从大使馆档案中整

理出来的，后来馆舍迁移，档案装箱，未能详为核对。清代及民初的人物背景也没有能够查考清楚，尚祈史学界的朋友予以补充，则不胜感幸矣。陈之迈附记

外交工作的回忆

金问泗 著

民国三十年作者奉派兼任驻捷克大使呈递国书时摄

民国三十四年八月比京自由大学赠蒋主席
荣誉博士学位，作者代表接受

# 读金纯孺先生《外交工作的回忆》感言——代序

顾翊群

昔北宋沈括氏使辽，撰《乙卯入国奏请》（并《别录》）；元代刘郁氏佐蒙古西征中东军，而撰《西使记》；明初费信随中使郑和等下西洋，撰《星槎胜览》；同时陈诚氏则远逾葱岭，撰《使西域记》。迨及清季，薛福成氏任出使英法义比四国大臣，著《庸厂海外文编》与《出使日记》；许珏氏任使义大臣，手译《义国政要与财政》书；许景澄氏赴俄订约，恒引用孟子"说大人则藐之"之语，以勖勉僚友。以上诸君子皆中华奇才豪杰之士，所著述者颇足资后人之留意与景仰也。

民国以来，外交界耆宿折冲樽俎，建树颇多，然于退休以后从事于"回忆录"之写作，以赉遗后人者尚不多觏，此所以金纯孺氏《外交工作的回忆》一书，不失为研究本世纪第一二次大战期间之史事者之一项重要参考与印证之资料也。

金氏系出浙江嘉兴望族,其尊公篯孙先生以史学词章著声于当世,所著《安乐乡人》诗文诸作,议论精当意境高超。纯孺先生饱聆庭训,早岁即器宇开朗。民五入外交部服务,先后得名师谟亚教授与长官顾少川先生之指示,故对中华学术与国际法、外交史均有造诣。计其徊翔中外将四十年。退休以来,曾用英文撰写《巴黎和会》、《华府会议》与《中国及国联》三书。其中文著作之发表于《传记文学》者,先有《从巴黎和会到国联》一书,而本书各文则继该书之后所赓续写作者也。所惜者今岁春间金先生已届七六高龄,偶撄微恙遽归道山,以致此书未克全部完成,所叙史实仅至民卅四年中荷新约签字时为止。苟天假以年而寿臻耄耋者,则关于联合国成立后以迄近年,国际间权力政治之明争暗斗,当必有更精彩之论述也。

　　由来写回忆录者,中国自孟子以降,西方自柏拉图以降,大多有所为而发。此等作品之动机正大,文情并茂者,恒克传世悠久。《孟子》与沈复之《浮生六记》,堪称为两种性质之代表作。至于显达人物别有目的,而倩名手代撰者(例如史迪威将军、毛根韬财长等自传式之日记),乃至以"清客"为生涯之亚伦氏所著之《我所熟识之历任总统》,则恒如昙花之一现,而不复为纯正读者等所继续阅读。

　　金纯老之《外交工作的回忆》一书,就其表面而言,乃一非有所为而为之作品也。如泛泛的考究其动机所在,则当系一位久于其职者之"经验之谈"，以俾后继者于读其书后之资为借镜而已。（金氏在书中第一三六页，曾以对荷国之交涉中，关于亚历山大港一案，未曾向我政府建议不必坚持桅顶悬衣系船员遇难信号，而自认粗疏，愿以后外交界同仁以之为鉴。）然吾人如细心读毕此书中所载之若干对外交涉重大史实后，则必应感觉到：作者所运用之"春秋笔法"乃系别有深心者。此为本书重心所在，吾人对之应特加体会，不可等闲放过也。兹择取以下若干要点，条列于后，以实吾说：

一、英国兵舰在万县"蓄意用武"与"存心开衅"案，金氏秉承顾外长起草致英使馆照会。（第四页）

二、中英宁案谈判最后议定就绪后，英方忽然翻案。迨四阅月后，中美谈判解决后，英方乃亦与我国换文解决该悬案。（第十页至十三页）

三、关于中日间之问题，金氏致黄膺白先生函中有语云："吾侪作事，与其焦头烂额而邀赏，不如曲突徙薪而无功。"黄氏甚然其说，并函转张岳军先生参考。（第廿二页）

四、国联行政院一九三四年特别委员会之委员间，有关"侵略国"定义之讨论。（第四十至四十二页）

五、对荷兰自信其力能保持中立之迷梦与其失败经过之叙述。（第五十九页至七十二页）

六、日本偷袭珍珠港以前，美日两国间交涉之紧张与微妙状

况，由荷兰外长所转告之经过，与中国驻外使馆间互通消息之问题。（第一○六至一一六页）

七、一九四三年一月十一日我国与英美两国分别订立平等新约，而取消各国在华治外法权及《辛丑和约》等之经过。（第一二○页）

八、一九四三年十月卅日美、英、苏三国外长与中国驻苏大使在莫斯科共同签定《战后设立国际机构宣言》，以确定联合国安全理事会中常任理事国之地位。英、苏两国设法阻挠我国参加签字之经过。（第一二○与一二一页）

九、罗、邱、史三氏德黑兰会议中，罗氏轻听邱氏之言，而将开罗会议中罗、邱氏与蒋委员长商定南北缅水陆夹攻计划翻案取消。（第一二二页）

十、中荷双方讨论新约案中，我方所拟致荷方覆照初稿中，有"种族歧视为全世界舆论所指摘"字样，为荷方所反对而删去。（第一四二页）

按白色与赤色帝国主义之对华侵略，十九世纪中叶以来，曾施用种种手段，无所不用其极。自国父中山先生首创三民主义而提倡革命，蒋总统秉其遗教而抗战建国，于是亚洲民族主义兴起，被侵略各国家民族，先后均获得独立自由。

现在白色帝国主义业已全部清算，且继续在自食其果偿还恶业之过程中，但大陆上毛政权仍在，苏俄之赤色帝国主义气焰尚在高扬，世局之紧迫令人忆及二次大战爆发前之状况。金氏为一老外交斗士，抚今忆昔，感念实深，且心所谓危难安缄默。故其在《从巴黎和会到国联》书中，既对日本近年发展之趋势，有所申说，而提出曲突徙薪之警告，在本书中则对于帝国主义者之真面目，亦根据本身交涉经验备忘记录等等，将其原委曲折写出，俾吾人观于以上之叙述，不禁触目惊心，而对于所谓亲善友好等外交辞令，不致抱纯质朴的天真的看法。我国此后自强复国之工作，经纬万端。国人在公在私之从事于外交、经济、金融、社会、教育、文化各方面，与外国公私方面研讨合作者，应如何放大眼光，知己知彼，根据原则，严守立场，以收互助互利之效，而不仅以杯酒言欢，循例开会，与发表宣言为能事，或甚至为所利用而不觉，斯则有赖于从事此种工作者之神而明之存乎其人，而同时金氏之著述，亦颇有足资参考之价值也。

金氏此书，除关于以上诸端有简明扼要的叙述外，其他记载，如代表蒋主席接受比京自由大学荣誉博士学位；因发表有关日本南进政策之讲演，而引致日本大使对荷国政府之抗议，乃至荷外长对金氏之抗议；为保侨事件迭次向荷政府交涉而引起双方心理上之不愉快与对荷国若干官员之弦外之音的月旦；对荷国女王、那威国王、捷克总统人格伟大之崇敬；对邱吉尔、戴高乐、施墨楮等人之公正论评；以及于身兼五馆职后，所撰本事之诗篇若干首；均系以儒家忠厚之旨，而作春秋笔法之记事与论断。吾人于捧读之余，只觉其褒贬平允，而有游、夏不能赞一辞之感。

传记文学社近年出版丛书丛刊多种，均甚有价值，为士林所称道。承刘绍唐先生以本书序文相属，自维学殖谫陋，何足以负斯任。然生平与纯老相知甚久，且谊属姻娅，对其立身行事向所景仪，因推论纯老近年撰写著述之本旨，并胪述个人读此书后之感想，草兹代序一文以归之。

# 一、我回国服务期间经手的 几桩小事

华府会议既散会，我请假回国省亲。我父名兆蕃，号篯孙，别号药梦，光绪己丑举人，时年五十五岁，供职北京财政部。母松江耿氏，名兆玑，号蕙君，长我父一岁。时遭祖母钱氏之丧，母候终丧乃北上，故仍居浙江平湖老宅。我还里拜母，嗣我于七年前填《清平乐》词一首，追题母五十六岁小像，其前半阕云："儿归万里，阿母真欢喜。遗影重瞻思往事，绕膝晨昏有几。"即指此。

未几，顾（少川）公使亦自伦敦回国，我在沪与偕往北京。我以李丈景铭推荐，先派在财政部服务，专研关税问题。李为我父财部同事，华会任我国代表团专门委员，因与熟识。外交部旋调我回部，派通商司榷税科办事，兼在关税特别会议筹备处服务。顾氏到京，政府特设全国财政讨论委员会，派令主持。居数月，国务院改组，入长外交。令我在其铁狮子胡同私宅办公，同时我又兼助办筹订中苏新约等事务，因此到司日少。通商司长周传经，对我颇不满意。循例考绩，问该司何人办事最不得力，周以金问泗对，顾外长一笑而已。我又迭奉部派为我国在日内瓦的国联代表办事处秘书，然迄未往就。民国十三年五月三日，我在北京南长街八号结婚，我妻朱美方，号玉君，四川犍为人。及胡维德长部，保我为佥事。嗣王正廷长部，适政务司帮办缺出，王以该司需要能拟英文稿的人员，意欲调我升补，我闻诸阶平（条约司司长钱泰），却未进行，既而以词讼科科长江华本调补，我则补其遗缺。盖我民五考进外交部，本派为该科学习员，时则江君已任科长，故论资格，彼当居先，毫无问题。

民十三年吴佩孚张作霖之战，以直军冯玉祥回师北京，吴失败，奉张乘胜扩张势力，达于长江。次年八月底，段执政接受奉方要求，以杨宇霆为江苏督军。常熟人吴少佑（晋），当巴黎和会时，服务于驻巴黎之我国军事代表团，我遂与相识。吴回国后，各处兜售军火，因与奉方接近，杨引为亲信人。至是，杨欲改派上海交涉员，吴君以我保荐，并荐我的同事赵泉为江宁交涉员。我与赵同往南京晤杨，我谦让勿遑，表示愿与赵君交换位置，杨以为然。语我曰：姑派赵往，倘不胜任，即予撤职。此为我初次与北方高级军人晤谈，察其口气之大，性情之豪爽，印象颇深。既而阶平屡来私电促我北返。及返，而浙之孙传芳，起兵抗奉，江以南奉军，渡江北退，杨宇霆亦竟仓皇北走矣。

民十四年十月底，关税特别会议在北京开会，我国代表团广置人员，规模颇大。沈瑞麟为外长，我以历年担任关税问题，粗有所知，托人表示欲就议案处处长职。沈以我资格不够，派阶平为处长，而以我为帮办，此当然亦是兼差性质。

我在北京外部五年余，经办例行公事外，碌碌无所贡献。偶有特办事件，原属职掌所在，且亦寥寥无几，兹姑补叙"万县案"一事于次。

长江上游，每有外国商轮浪沉民船之案。十五年八月二十九日，英商太古公司之万流轮，上驶万县，正在云阳地方照例停驶候客之际，有杨森部下若干人，驾一小船，划向该轮，请予搭载。讵小船方在河心，该轮突开快车，以致浪沉。万流轮乃离埠他驶，不予相当赔偿。杨森遂将同公司之万县、万通两轮扣留。英国炮船乃以营救被扣船只及船员为名，于九月五日，对准万县，开炮轰击，我国人民生命财产，受有损失。是为万县案。事经外交部提向英使馆交涉，英馆复文，认杨森不顾英国对中国内战所守之中立，强令英轮输运军队，为本案直接原因，并称英方开炮为自卫，又以扣留英船及驻扎武装兵队，谓与水寇行为无异，而归结于当地力谋和平解决，但以释船为先决条件。此文尚未答复，吾国地方官，已先数日与英舰人员及驻宜昌英领事议定办法，拟组织浪沉木船调查会，以处理历年浪沉案件，其本案赔偿损失要求，双方各自保留，至此遂将所扣两轮释放。旋顾维钧复任外长，乃于是年十一月二日，照会英麻使Sir Ronald Macleay（麻克类）。该照会对于英方所称英轮严守中立，暨英舰举动出于自卫，以及杨森扣船无异水寇行为各节，婉词辩驳；而以英舰为"蓄意用武"及"万县全案系存心开衅之结果"，其语颇堪玩味。因提出正式抗议，保留我国一切权利，质问炮击万县之英舰人员，是否奉有英政府训令？并请阻止将来发生类似举动。该照会原稿英文，我以主管科长（即词讼科）在顾外长宅，秉承其意旨起稿，面送审核修改。既定稿，我又为译成本国文。外交文件，以本国文为正件，英译为副件，原稿虽属英文，亦作为副件。是日（十一月二日）我在科中候阁议通过，得顾外长电话，遵即发出，并未先送请主管政务司长及次长核阅。事后全文披露，驻京日本使馆，有人打电话问阶平此件何人起稿？则以金问泗对[1]。

民十六年，国民政府成立于南京，令黄郛（膺白）为上海特别市市长。黄先生约我南下，任参议。不久，先生引退，张定璠继任，商诸先生，令我连任如故。翌年，先生受命为外交部长，派我为第一司司长，既又派我为江苏交涉员。任职年余，我奉命为驻和公使，以母衰未即往就，暂服务于农矿、实业二部。旋遭母丧。迨"九一八"沈阳之变，外长王正廷辞职，而

———————————
[1] 上段节录我所撰（一）《英舰非法炮击万县案经过情形之回顾》，见十九年八月十日第二十七卷第十五号《东方杂志》第三十五至四十四页。（二）《顾维钧外交文牍选存》第十、第十一各页。又十五年十一月二日万县案外交部致英麻使中英文照会，均见是书。

以顾维钧继任。我代理次长。锦州中立议起，民众反对，结群示威。政府改组，我与顾公同时辞职，往住上海。"一二八"淞沪之役，政府又改组。一日，顾招我往谈，至则适有他客。顾公长兄敬初，邀我至别室，语我曰：政府欲令少川复任外长，为缓和各方反对计，令其先到国外走一趟，归国后乃就任。现正赶办护照手续，俾可即日成行。此刻来见之人，是宋部长派来的，可能即来接洽此事。在少川未回国前，欲请老兄暂代部务看家。我又谦让勿遑，谓恐不能胜任。敬初愤然曰：你真太胆小了！及客去，进见少公，乃知此议已完全取消矣。民二十一年，李顿调查团来华，顾氏任中国代表（assessor），会同参加，我随往北平襄助。是年，顾氏奉命使法国，兼任国联行政院代表，同时派为三代表之一，以出席处理中日问题之特别大会。我以副代表地位，襄助团务。我乃偕美方，挈长子咸彬，绕法国赴日内瓦。（我次子咸彰及女咸琯是随后来欧的。）次年即民廿二年，我再奉命为驻和公使，是年八月，往海牙到任，此当见诸后篇，兹不先述。

我一生踪迹与事迹，很少有记载价值。至在南京外交部及上海交涉署服务时期，并觉"乏善足陈"。兹姑择较有意义的四桩事：（甲）中英宁案谈判经过；（乙）何世桢为临时法院院长的交涉；（丙）交涉署的一次联合会议；（丁）排日问题之鳞爪。试为分段简叙于后。

# （甲）中英宁案谈判经过

十六年三月二十四日，国民革命军克复南京，正在肃清敌军余孽，秩序混乱之际，有共产党徒，鼓煽一部分军队及地方流痞，劫掠驻宁各领馆及外侨住宅，并死伤领馆官员暨外侨若干人，企图牵动外交，陷政府于对外困难。于是英美兵舰，向南京城开炮轰击，以掩护其侨民，致我国军士民众，死伤甚多。是为南京事件，又称宁案。我政府既建都南京，即欲早予解决。其时各国使馆，尚未迁宁，乃派司法部长王宠惠，就该案中英部分，先与驻沪英总领事巴尔敦（Sir Sidney Barton）晤谈。嗣以英使蓝浦生（Sir Miles Lampson）来沪，并与晤谈。草就讨论基础案，一以标明我政府所负之责任，二以规定道歉、惩处、赔偿各项，至关于英舰炮击南京之提及，与我方修改条约之请求两节，英使固视为轶出其政府训令范围之外，但仍载在该基础案内。然王部长之谈判，未得结果。

次年三月间，以此案中英部分是我的主管事项，奉黄部长派与上海英总领事，就原基础案，接续谈判。亦以英蓝使适又抵沪，我及黄部长并与英使会晤。自三月二日起至十一日止，经过九次讨论，始有头绪。兹将三月三日晚七时至十二时半我与巴尔敦君之会谈，摘要录出于后。

泗首先声明凡必办不到之要求，请勿提出。又现在我国情形，断非二十余年前可比，此次解决宁案，若再抄袭《辛丑和约》旧文章，无论何人为外交当局，皆办不到。

英方指定第六军军长程潜为宁案祸首，须予查办。泗谓此系一种毫无根据之猜疑。况程正在鄂办理"剿共"，成绩卓著，可表明其本人对于本案之态度。英方若必欲坚持此点，无论何人为外交当局，且无论外交部在何处，皆办不到。并言以《凡尔赛和约》之尊严，犹不能将德皇及其他欧战祸首，传案讯办。故必不可能之事，请勿坚持①。

结果议定由我政府自动颁布惩罚令，不提程潜，且与外交文书分开。巴又谓近年来，国民政府对于外人挑拨案件，层见迭出，去年宁案发生，可谓造乎其极。足证系有系统的有组织的仇外行为。盖虽为群众行为，实有公家怂恿。故须由贵国政府用书面担保，嗣后对于外人绝无强暴及挑拨行为。

泗谓适才巴君所说各种对外案件，姑假定均系事实，依余个人看法，恐皆根源于一九二五年五月卅一日之沪案。但余今晚并不欲讨论该案，想贵总领事亦无此意。至所称禁令，就正面文章言，即系保护外侨。关于此事，我政府实已三令五申。每次军队出发，必为切实告诫。况自国民政府在宁成立以来，查明一二地方偶有越轨行动，确系内外共产党所煽动而发生，是以先则从事于清党运动，继则与苏俄断绝关系，事实俱在，不难复按。至谓公家怂恿仇外运动云云，不知何所指而云然？

---

① 十七年五月廿三日中央政治会议准李宗仁电请将程潜免职查办。但当然与宁案无关。

岂贵总领事曾见有我政府奖励仇外运动之文告耶？

巴谓此种文告，却未见过，现在形势，亦固已较前改善。然国民政府既以党治国，而仇外标语，又皆系党部所为，是以政府不能逃其责任。

泗谓群众运动，政府现已切实取缔。以后党部一切宣传等事，自当受政府之控制矣。

巴谓话虽如此，然各地似尚有政治分会，中央鞭长莫及，未见其真能控制。遂坚持禁令一层。

泗谓至多限度，亦只能仿照惩办令办法，由我政府自动下一保侨令，但绝不能附在外交文书中。

巴谓可与外交文书分开，遂照此议定。

关于赔偿损失一层，泗谓我政府愿将领馆损失，即予赔偿；其余当于合理及必要范围内，俟中英联合调查委员会成立，核实估定确数，再为充分赔偿。

巴谓人民方面，视赔偿损失为最要。故所拟领馆损失先偿一节，恐英国国民方面，或致误会，谓此次解决本案，只顾公家损失，而置人民损失于后，反有一种不良印象发生，似为不妥。

泗谓领馆损失先偿之提议，原为表示我方诚意，期得一种好印象，若其结果，不幸而反于其所期，则余可将此议撤回。

巴谓撤回可以不必。惟对于民众的损失，须以合理及必要范围为限，未免限制太严。泗提议用依照国际公法各项原则字样。旋巴总领事又切询赔偿计划。泗答谓黄部长正与主管长官会同商酌中。

旋讨论炮击、修约两点，巴仍认为轶出训令范围，且谓与本案无关。然并未删去。全部讨论完毕，巴将结果择要记录，谓当报告蓝使。泗亦谓今晚系非正式交换意见，余亦当报告黄部长云。

嗣经议定来往节略各稿，比较原基础案，颇有改善。例如原案有政府负其责任之语，兹则虽仍表示抱歉，而无负责明文，此则尤为显著者。其解决办法第五节，即关于修改条约一节，最为我方所重视，原案本有废旧约订新约一节，此次要求改约，即是此意。惟更加入解决各项悬宕问题一语，以为他日要求解决上海租界问题，五卅案，沙基案，万县案，以及其他各项问题之张本。且又加入"为解除煽动者借以破坏中外友谊之口实计"一句，以标明现行条约之存在，及各项悬宕问题之未了，未始非南京事件发生之远因之一。此节文字，几经磋磨，始议定为"外交部长最后表示，希望南京事件解决之时，在中英两国外交关系上，开一新纪元。并提议为欲除去煽动者借以破坏中外各国间友谊之口实计，英国政府，从早设法以平等及互相尊重领土主权为基础，从事于修改现行各项条约，及解决悬而未决之各项问题"。

至英使对该节之覆文，并经议定如下："关于第五节，英国公使，以英国政府对于该节略内所表示之愿望，完全同意。

对于中国人员根本修改现行条约之志愿，英国政府素重友谊而抱同情之态度，此可证诸一九二六年十二月十八日发表之宣言，及一九二七年一月二十八日之七项提案。至其实行者，约以国民政府表示同样之亲善及诚意之精神为标准也。"

三月十一日，蓝浦生会晤黄部长，作最后之议定，允即日电达英政府，作为双方同意之件。在我方以为如此议定，一年悬宕之事件，可以幸告结束。纵使尚须请示政府，而蓝使既系衔命来华，则其本国政府之意旨安在，自是不无把握；况此番议定各节，大半脱胎于上年《王巴草案》，事隔多时，即自此次继续开议以来，亦逾旬日，在蓝使自无不向政府随时报告之理。苟英政府有根本上难以同意之点，自必为蓝使所深晓。职是之故，当时议已就绪，预料大致可无问题。遂不待蓝使回音，先于是月（三月）十六日颁发惩办及保侨二令。盖二令本系自动颁发，原无须他国之赞同，且非如此不足以表示我方之十分诚意也。

不料次日（十七日）蓝使来晤黄部长，据称奉政府电训，备加诘责，对于公文内提及炮击、修约二层，尤不满意，所称赔偿计划，亦觉太无实际等语。黄部长谅解蓝使困难情形，愿对于赔偿一层，为进一步之考量。惟以炮击、修约二层仍载在同一公文内，并仍由英政府答复为前提。蓝使当时曾提议将该二事载在另一公文内，但并不坚持此说。讨论结果，对于赔偿问题联合委员会，酌拟训令数条，由蓝使抄缮英文而去。并允即电英政府对于各点，切实建议。在我以为经第二次议妥以后，必可借此解决，毫无疑义。英方亦派员与我斟酌来往公文中的英文译稿，期与原文恰合。并由双方人员，洽定英使旅京日程，何日互换公文，何日恢复英领馆以及拜客宴会等细目。

岂知是月二十三日，驻宁英总领事许立脱（W.Meyrick Hewlett）代表蓝使到部，面称蓝使奉到政府电训，对于公文内，载明炮击、修约两点，完全反对。兹蓝使提议调停办法，拟将所议各公文，概予取消，贵国亦可不表示抱歉。但须请由贵国政府另颁一令，担任赔偿损失，并组织中英联合委员会云。当答以如此办法，不啻将议定各节，根本推翻，殊深诧异。且无一公文足以证明南京事件业经解决，既与外交惯例不合，亦恐流弊滋多，碍难照办。但鉴于蓝使对本国之困难情形，对我国之友谊好意，不惜为最后之让步，愿将炮击一层取消，在我亦不表示道歉，并愿将修约一层，载在另一公文内，仍由英方照复，与他公文同日互换，为最后之办法。

二十四（星期日）晚黄部长派我往沪，于次日晨与张公权同晤见蓝使。彼谓倘有公文形式，仍须我方表示抱歉并坚持其所提调停办法，对于炮击、修约二层拒绝再谈。惟谓修约一层，彼可于到京演说时提及。因出示谈话记录一段：内有部长派泗到沪留蓝使，至下星期三止，并声明很有希望，到彼时可将调停办法，不加修正，全部通过等语①。请我签字，当经拒

---

① 此件似系上一天预备好的，故用下星期三字样。

绝，蓝使遂于是日启程北行。中英宁案谈判，因以停顿，然两方均非正式表示仍当继续谈判，期于早日解决云。

蓝使于请签该项谈话记录时，颇露窘态。我以其含有最后通牒意味，断然拒签，毫无犹豫。然当时尽可答以当请示部长，故作回翔，以观其计将安出。今于四十年后回思往事，若从纯粹的客观看法，宁案发生，实不能归咎于不平等条约。况在英方早已迭有愿意修约表示，但以我国有统一全国的政府为前提，虽云推诿，亦是实情。且即使修约一层，明载换文，而所议定之英方复文，但有同情的表示，并无具体的接受，则与蓝使演说提及，实系相差无多。惟以国府政策及体面关系，对此点无可让步。亦以我奉命谈判之初，会谈地点，为报界所探知，《时事新报》馆派其外勤顾某，深夜坐候于英领馆门前我的车内，我固想法避免多谈，然一以欢喜个人稍稍出些风头，二恐守口如瓶，记者乱报，反而不妥，故于可能范围内略告内容。乃记者渲染其辞，报导过多，致令当局益鲜回旋余地。可见我经验不够，及今追忆，于公于私，有负膺公之处良多！然膺公事无巨细，皆默然自己负责，不独对我毫无责备，反又派我为上海交涉员。语我曰："我本极愿与复初（原任交涉员郭泰祺）共事合作，然自我就外长职后，伊从未来看过我。我倩人告伊，我对伊毫无成见，但欲请伊来当面谈谈，而伊竟置不理，故决定将伊免职，派你前往接替。"我受宠若惊，不知所答。又语我曰："你倘觉外放与你不相宜，过些日子,仍可内调。"此其用心之周密与待人之诚恳,岂止寻常知遇而已哉?

自宁案中英部分谈判停顿后,无多日,美使马慕瑞到沪,拜晤黄部长。大致依据黄部长与英蓝使议定各点,将中美部分解决。其炮击、修约二点,并经美使接受,但作为附加换文,不与解决该案之本文,混为一谈,此即蓝使所提而为我方所赞同将该二事载在另一公文内之意。至修约一层,美使复文,较之中英原议,有充实修正处。盖美文明言,必须我国方面有足以代表中国人民而能推行实权的政府,乃能将中美条约关系予以重整。各点既议妥,是年是月(三月)三十日在上海换文,结束宁案。固然,中英谈判,未得告成,然实为中美谈判之先锋。亦缘美马使本人,国内一部分舆论,嫌其对中美外交事件之解决,不够出力;而美国是年复值总统竞选,亟欲对中国表示亲善,以求多得选民之拥护,亦未始非促进解决宁案之动机。

自中美部分解决,中英谈判,复加紧进行,转而依据中美换文,于同年八月九日,由外长王正廷与英蓝使换文解决。当然关于英舰开炮及修订条约二事,亦归另文规定。而修约一端,英使复文,并有"准备依相当程序,由依法委派之代表,与贵国政府商议修订条约"之语。其时英总领事巴尔敦,适奉派为驻阿比西尼亚国公使,临行致我函,谓彼离任前,宁案得解决,引为欣慰;而执事于此事,曾作一番努力,今告结束,度亦必感觉愉快云云。我固极为愉快,所不解者,大致相同之条款，何以四个月间英政府昔拒今纳？岂凡事必有其相当步骤与时机，不可强为之欤？然修约之举，尚须候十四年始能完全实现焉。

## （乙）何世桢为临时法院院长的交涉

在一百年前，上海公共租界与法租界会审公堂，分别成立，专理租界内华洋诉讼。华人为被告案件，由领事派员会审，其纯粹华人民刑案件，仍由中国廨员自理。辛亥革命时，上海道不能执行职务，领事团乘机接管会审公堂。中国廨员，亦由领事团委派。不特涉外案件，即租界内之纯粹华人案件，亦出以会审。虽有中国廨员，实际上外国会审员操审判之大权。经外交部迭次抗议，请予交还，迄无结果。民十五年即一九二六年八月，江苏省政府与上海领事团，签订收回会审公堂临时协定，设立上海临时法院，于次年一月一日成立。院长、推事，由江苏省政府任命。适用中国法律，较以前之会审公堂，自胜一筹。然该临时法院与我国法院系统不符；刑事案件，领团仍有观审权及抗议权；而捕房律师执行检察官职务。故临时法院实为变相的会审公堂[①]。

当临时法院成立时，国民政府已定都武汉，然孙传芳尚盘踞南京、上海等处，因派徐维震为该院第一任院长。徐君多

① 节录钱泰《中国不平等条约之缘起及其废除之经过》，第六十七页。

年供职法界，民国八年受阎锡山之任命，曾为山西高等法院院长。徐任沪职不久，国民军平定江南，孙军渡江北退，政府定都南京。徐旋辞职，江苏省政府乃派卢兴原继任。卢君法学具有根柢，曩在粤尝为陈炯明服务。迨任该院院长，颇得领团信任。既而省政府免卢而改派何世桢继任。何君亦是法律学家，曾任第一届国民党全国代表大会代表，为有相当资格与地位的党员。至是，卢不即交卸，领团则公开的拥卢而拒何。该法院既设在租界，非与领事团商妥，新院长无从到任，因而演成交涉员与领团间一段交涉事件。

于此有当先叙明者：各埠租界，尤其是上海公共租界，俨然成为我国国境内的外国领土。所谓领事团及领袖领事，不啻租界内最高当局。上海交涉员，不啻派驻领团的使节。此种相沿已久的恶例，真令人啼笑皆非。故我于十七年四月就任交涉员之初，在上海各界欢迎会席间演说时，曾言欲取消不平等条约，必先取消交涉员。我为此言，未免过火，且带有书呆子口吻。适王儒堂先生亦在座，闻我此言，印象颇深，及彼继任外长，遂决定于次年底将交涉员缺取消。然丁沪地对外交涉之进行，是否有所改善，乃是另一问题矣。

我为此事，迭向领袖领事（美国驻沪总领事）克宁瀚（Edwin S. Cunningham）交涉。克氏一则曰：卢君执行司法职务，不受政治势力的支配，如此好法官，何以强令去职？二则曰：司法机关，不宜有党的色彩。三则称何君为柔弱之人，恐难胜任。我答以（一）临时协定，规定该法院院长、推事，由江苏省政府任命，原无须征求任何人同意，然为便利合作计，特与领团非正式一谈；（二）政府任免官吏，自有权衡，纯属大公无私，毫无个人爱憎取舍的观念；（三）省政府对于继任人选，曾加慎重考量，必定认为确堪胜任，始予委派。何君见委，以其学识经验，人地相宜，而并非以其身为党员之故。政府对于司法机关，绝无使成党化或政治化的用意。故希望领团勿再持异议。然克宁瀚坚持其说，不稍放松。

当时省政府有一部分人对我颇不满意，主席钮惕生先生，邀我往镇江，出席省政府会议，报告交涉经过，结果，令我继续向领团交涉，务期达到目的。适其时有改派徐维震之说，我以领团对徐，颇有好感，故亦附和主张，以冀解除交涉困难。犹忆某日晤见张丈咏霓（名寿镛，财政部次长兼江苏财政厅长，是先君的挚友），我提起徐君，丈语我曰："世兄，现当国民党党治时代，徐某既是孙传芳的人，万不可用，请勿再提及！"实际上，省府对于任卢免卢，自认为"措置失当，深自引咎"。其徐氏继任一节，取无可无不可的态度，惟鉴于受孙委任的已往事实，及当时环境，又"值此党义发扬之时"，认为不无过虑。其意倘国府认为徐氏可以胜任，省府即可予以发表。盖有人认徐为阎百川之人，而与孙并无关系。其时膺公尚在外长任内，颇欲赞助徐君，对于受孙委任一节，认为绝无理由。然终以反对者众，而蔡孑民先生之反对最为有力，故徐氏继任之说，未能实现[①]。

我当然继续交涉，幸得打消领团反对。何氏就职之日，我同往参加典礼。何君致辞，谓诸事当服从党的命令。我致辞，着重"临时"字样，谓不久的将来，须将该法院置于较有永久性的基础。而新闻记者报导，对此二段演说，更加强调。于是克宁瀚口头表示不满，谓已据以呈报美国务院云。

## （丙）交涉署的一次联合会议

民十七年五三济案发生，民众愤慨，各处自动的激起抗日运动，沪埠尤甚。上海有党政军联合会议的组织，由市党部、市长、交涉员、警备司令，轮流集会讨论，一以应付现局，一以弭患未形。是年秋某月某日，轮由我在交涉公署开会。到者市党部陈德征、吴开先、王延松、冷欣等，市长张定璠，市政府秘书长周雍能，公安局局长戴石浮，工务局局长沈君怡，社会局局长潘公展及其他局长，又警备司令熊式辉，临时法院院长何世桢等。适因公安局从汉口开抵上海之某轮，查出大宗私土，且有武装保护，牵涉警备司令部，舆论大哗，党政军联合会议，为此有所讨论，情势紧张。我于此事内容，并未详悉。乃以此案既未知运土之人，又无其他内容，实属无从讨论为理

---

① 次年即十八年十二月徐维震奉派继何世桢为临时法院院长。迨十九年临时法院取消，改设上海特区法院，徐又奉派为院长。

由,临时动议,鉴于该批私土起运地点为汉口,请由市党部电请汉口市党部设法查明详情后,再作道理。正在等候异议间,我一面指定陈德征等数人为起稿人,一面执笔起草,提请公同拟定照发,暂告段落。散会后,陈君语我:"好险啊! 差一点要打架了!"

未散会前,市党部某君提议,谓党部现查得日货奸商一名,拟归党部逮捕审判处罚,应请公决。我谓此事有关司法管辖,应请何院长发表意见。何君匆匆起立,直言不属党部管辖。我谓我们当尊重法院院长意见,此事可不必再议,遂作罢①。

## (丁) 排日问题之鳞爪

自济案发生,沪地民众,组织扣货团体,对日经济绝交,日本时有烦言。我于交涉员任内,对内设法开导,对外竭力缓和,但求事态不致扩大。总算勉强做到以货物所有权谁属为标准;即日货属于华人者,我若扣留,日人不加干涉;其属于日人者,我亦不予扣留。此项办法,严格言之,日人并无承认义务,顾亦自知衅由彼发,众怒难遏,尚能默认照办。中间有一次日本陆战队出而干涉,几致酿成冲突,经排解后,幸得息事。在本国方面,颇有对我不能相谅,轻出诬言,我则隐忍不与计较。如此,终我任内,幸得相安无事。兹检得十七年八月

① 此二段曾送请周静斋、沈君怡两位先生看过。

四日，我与驻沪日本总领事矢田七太郎（Shichitaro Yada），在交涉署关于该问题之谈话，节录于后。

　　矢：今日本总领事特来与贵交涉员一谈排日问题，因上海地方为日本商民最多之所，地位上亦最重要。自此次排日问题发生以来，以为暂持冷静态度即可渐次终熄。孰知不但无平复之望，且有日甚一日之势。故本国在沪侨民对此异常激昂，态度日益强硬。在上星期本馆已将当地情形，报告本国政府，请示办法。谅日内当有回电。昨日本地日侨开会，对于排日问题又电请外务大臣及芳泽公使，准予组织自卫团以实行自卫之手段。现虽未得回电，然如政府准其实行，则自行保护之后，势必发生冲突，于事更生纠纷。且敝国最近政情变更，想贵交涉员必有所闻，民政党之破裂，即对华问题多数主张用积极政策，恐必更加严重。本总领事向持公平态度，故际兹未奉本政府训电用何种办法之前，愿知贵国政府及上海地方当局，对于排日问题究竟有无诚意取缔，究拟用何种办法取缔，俾本总领事参加自己意见电告本国政府。

　　金：今日贵总领事来访，对于此问题得开诚布公一谈，本交涉员甚以为欣。盖此问题乃一种特别事件，前次亦与贵国清水领事详细谈过，彼亦承认完全基于一种特别原因之下而发生，即贵国山东出兵济南事件。今日本交涉员固不愿再多言此，但如此种之特别原因一去，则此种特别事件亦自然消灭。至民众运动，本国政府及地方当局时时注意，未尝稍怠，见有越轨行动即加以制止，绝不宽容。自始至今，不特有取缔希望，且有取缔诚意；不特有诚意，且有事实可以证明。如棉系事件、火柴事件是。且今早于贵总领事未到本署以前又得报告谓有五六件扣留之货均可发还，足证我国当局之态度，始终如是。不过至今所发生之扣货事件，均系由华人手内扣留，在法理上讲来，至少有一种表面上的证据（Prima facie evidence），认为是华人所有，及贵馆代贵国商人证明为日人所有，则须提出确实证据，并经调查确实后，自可发还。但此项证明之责任，系在贵国商人方面，而不在我国民众方面。至其间须稍经时日者，乃以手续上之关系，势亦难免。故本交涉员对于民众之越轨行动，不特希望减少，以至于无，并且甚有诚意；不特有诚意，并且有事实可证。贵总领事素持公平态度，深望对于贵国侨民之越轨行动，亦以有希望、有诚意、有事实之态度，严行取缔。至贵国政府此后拟用何种方针，则是贵国自身之事，非本交涉员所欲闻。

矢：若言基于济南事件山东出兵而发生排日风潮，则山东出兵亦因有宁案之先例。诸如此类之追源辩解，非本总领事今日所愿谈。惟本国政府对于排日问题之解释与贵交涉员所谈相距颇远，按本政府之解释，即由华人手内扣留华人所有之日货,亦殊欠当。因此种之排货举动,乃一种非友谊之行为,亦应制止。

金:若言解释一层,则各有各之解释,未可断言孰是孰非。如贵国山东出兵,贵国认为保护日侨,而我国则认为侵害领土主权,亦属非友谊的行为。如现在之民众运动,贵国以为是非友谊的行为,而我国或者以为是一种有自卫性质的行为。至于一国人爱用何种货物,完全属于各人之自由,恐无论何人亦无从强制。且自此次民众运动发生以来,本交涉员与贵总领事往来公文已经不少,其中贵总领事亦认为被扣之货如属日人所有,则应发还。则假使所扣之货系华人所有,贵国方面不欲加以顾问,自不待言。本交涉员认为贵总领事之意旨,即代表贵国政府之意旨。

矢:话谈甚久,如此贵国政府及地方当局,对于排日问题究竟有无取缔诚意,拟如何取缔,愿闻结论。

金:前已详言,总之一般之民众运动,既基因于特别原因,则势必俟其原因除去,始能尽消。至取缔越轨行动,始终抱定公平态度,严加监视,并希望此后渐次减少,以至于无。更盼贵总领事同样努力,将根本原因除去,则敢言此种特别事情,亦可同时消灭也。

十八年即一九二九年三月间,济案在"相互不课责任"的方式下结束。然排日运动,不特未见取消,反而再接再厉。

至一九三一年"九一八"前夕，沪上市民，因万宝山事件及韩民残杀华侨案，相继发生，义愤所激，反日援侨，复有加紧扣货之举。日本陆战队出而干涉，我所深虑者，"万一彼此争持，一触即发，不幸为两案之续，则此后更难收拾"（民二十年即一九三一年八月二十日我致黄膺白函）。我在沪晤见张岳军先生，乃以两年前我经手的处理方法（即以货物所有权谁属为标准）告知之。其时膺公居莫干山，我又从南京函（即八月二十日函）请其加函岳军。我的信，有"吾侪作事，与其焦头烂额而邀赏，不如曲突徙薪而无功"的结语。旋得膺公手覆言"对反日援侨问题，尊见稳而且妥，已遵嘱专函岳军市长供其参考矣"。

（原载《传记文学》第九卷第四期）

# 二、我初次就公使任

## 接事中一段插曲

　　民国二十二年即一九三三年二月下旬，国联特别大会闭会，我夫妇及长子咸彬，继续暂住日内瓦。一则以顾少川返巴黎处理馆务，由我代为出席国联行政院会议。二则政府正决定派我为驻和兰公使，乃在瑞士等候命令国书。

　　我的前任王劼孚（广圻）调回外交部后，馆务由二等秘书戴明辅（号铭甫）代理。是年五月二十日，我驻和兰命令发表，戴代办偕其妻（法国女人，铭甫留学法国时与其中国同学合雇的粗工，偏多主意）到日内瓦来看我。说和国百物昂贵，馆费太少，难以维持。去后通信，则言外部积欠馆费，他多所赔累，迭次请求清欠，部置不理，现在和兰债权人逼令还债，不许脱身，是以难即交卸。我为先后发公私电请外部设法清理，得复允先清发一部分所欠薪金，余欠俟他日设法，同时嘱戴即交代。戴颇怏怏，谓欲控部申冤，并称万难交卸，力阻予往。我告以他历年赔垫困难情形，我所同情，但劝其勿以抗不交代相要挟。旋我偕眷绕道巴黎小住，于八月八日行抵海牙。戴未将馆屋让出，因先暂住白桥旅馆。

和外部外交司（即政务司）长克兰芬斯（E.N.van Kleffens，六年后升任外长），国联初成立时，一度供职国联秘书厅，担任政治问题，我尝与所接洽研讨，遂与相识。我到海牙次日，即往晤谈，乃为我约定于十日午后看晤和外长葛拉孚（de Graeff），以我的到任国书及王前使辞任国书各副本，连同请约觐见和兰女王函，一并面交和外长。和外长说：女王刻在乡间过夏，须俟回城后定期接见。越二日，铭甫来言，闻友人阅报，得悉我已拜晤和外长，谓照例新使到任，谒见外长，须由馆备函通知，意颇怏怏，我一笑置之。盖我既奉命使和，则觐见和后，面呈国书，是我第一件职务，戴某既欲尼余之来，我若托其代约拜会和外长，必且借词搁置，岂非闹成笑话，我是以断然径自约晤，认为无须拘泥惯例也。

又过了几天，我得外交部电发铭甫一部分款项，他甚愤慨。我说我为了他总算仁至义尽了，他答称必须去电生效，领到全部款项，方算出力。又说："君既欲呈递国书，正可表现国书之权威。"仍言不能交卸，我仍对他一笑而已。

是月（八月）二十五日，我接到克兰芬斯电话，谓和后将回城，请我往外部接洽觐见递书各事，并商洽颂辞稿。我因往晤交际司马司长（Teixeira de Mattos），携示所拟颂辞，他云甚好。（照例，新使颂辞，须先送阅，元首答辞，则无须出示。）该司长旋称女王已定下月二日午后五钟接见，余乃告辞，相送及门，马司长询余是否仍寓旅馆？答以递国书后移住馆中，戴子女极多，移出稍需时日，是以住旅馆候之。马司长又谓为接洽递国书事，先尝传电话到贵馆，得覆言金某可无庸接待，因又传电话于旅馆，径与贵使接洽。我闻言，知铭甫抗不交卸，已为和外部所知，乃告以馆中内部略有纠纷，惟纯系内部之事。彼亦言此是贵馆内部事，与和外部无涉，是以决定仍接待贵使一如向例云。凡戴君所说过分的话，我概以私电告知叔谟（外交部次长徐谟），而不正式报告外部。

至是戴决定交代，我于九月二日进谒和后呈递国书后，四日下午三钟迁入使馆，馆址53 Koninginnegracht, The Hague，戴明辅抗不交代之一幕，于是告一段落。我仍继续请外部设法发还余欠，至是年年底全部发清。

然此事对外尚有些尾声，我于九月六日因事往晤和外长时，他偶而问起，何以戴君常到和外部为债累诉苦？我答言：据我所知，以前我驻和使馆所欠和兰银行及他处债务，最近中和庚款问题解决时，经已悉数扣清，此外并无新欠，至于戴君个人，最近我外部对伊发款颇多。和外长说：他恐和方债主，要到和外部麻烦，故顺便一问。今据贵使解释，戴君诉苦，乃与和政府无关，始觉释然。

又有贝拉此氏（见《传记文学》第九卷第三期《华盛顿会议对我国问题之处理》篇，及拙著《从巴黎和会到国联》一书第二七至五二页），清末民初，尝驻使我国。民六复辟之役，收容张勋于其馆中。回和后初任和外部外交司长，旋升外长，时任资政院副院长，该院院长即女王，贝氏地望颇隆，深得和后之信任。我以其对我国情形熟悉，在和兰为远东问题之权威，故于接事后首先往晤。谈次，说"极盼贵政府对待贵使，较优于前任王、戴两君"。我答言："政府待王前使等，亦并不薄，王现任外部条约委员会副会长，深致器重；戴则调回本部办事，于其卸任，且为迭发款项，戴于和兰方面，固分文未欠也。"

## 进王宫面呈国书

九月二日下午四钟半，内府侍从兼礼官邯腾浦男爵（Baron Hardenbroek），带同双马礼车二辆，从者六员，卫士四员，前来旅馆迎迓。我恭赍国书，登第一辆礼车，与礼官并坐，我居右，礼官居左。第二辆车，因未带馆员随行，备而不用。每车各派从者二员，左右伺应，并以御者一员任驾驶，车前导以朱衣从者两员，车后殿以卫士四员，咸策骏马并辔而驰，直抵北口之宫门，下车小伫，留影毕，即经导入宫门。当登楼时，复有内府侍从晞景（Sickinghe），李柏莱德礼（Repelaer van Driel)两员欢然相迓,偕同礼官邯腾浦男爵导引登楼。甫进客厅,和外长葛拉孚氏在厅迎候,并为介见大礼官蒙苏伯爵(du Monceau)。钟报五时,毗连客厅较小一室之内殿,豁然洞开,左右扬声报进。女王居中宁立,正对殿门,相离约两码半之遥。和外长肃我入殿介见,甫逾阈,行一鞠躬礼,稍进再鞠躬,更进而近女王之前,又一鞠躬。外长及大礼居左侍立,从者卫士之属,则于女王后方四码处,排班肃立。我读英文颂词毕,恭捧国书并王前使广圻辞任国书,敬谨递送女王,躬亲接受。女王答词致谢,词为法文。随询何年留美肄业?所入何校?答以民国六年至七年肄业于哥伦比亚大学,从前任海牙国际法院法官谟亚先生,研习国际法学及外交科。嗣又详询我在外交界之历程,谛听有顷,则谓深觉外交家历程之有意趣。继询自抵欧以迄来和有几多时?答以先于上年九月,奉本国政府命,派往日内瓦国际联合会中国全权代表办事处,襄理中日纠纷事件,深幸本年五月,再奉本国政府简命,得以恭诣庭阶。未到任前,因公留寓日内瓦者,已八阅月,近则绕道巴黎,趋赴新任。女王当谓想贵公使未见林主席,已有多时,随询主席现驻何地?答以暌隔主席约一年,主席现驻首都。旋又询林主席亦赴海滨消夏否?答以最近尝往牯岭避暑。女王谓殆因高山空气较他处为清新欤?并谓闻有人言南京天气酷热,我应之曰是,又言敝国幅员至广,可于一日之间,于不同之地点,得不同之气候,和后乃谓如此则甚便,各人尽可随心所欲,自择其所愿往游之地矣。问答既毕，我乃告辞，面向和后退行，行数步一鞠躬，三次而及阃，女王答以两鞠躬而礼成。既出内庭，隔数分钟，复经引至别室，谒见主婿亨利亲王，再鞠躬而握手为礼，亲王答礼称谢如仪，寒暄将三分钟退出。遂向大众握别，由和外长送至宫门，仍登原礼车，由礼官邯腾浦男爵，率领全部仪仗陪行，及返旅馆，正届五时卅分，我请该礼官饮香槟酒，又谈片刻而散。又照和国例，须付礼车仪仗犒赏费和盾六十元（合国币一百二十元），随后补付。

我旋做七律诗一首，题为"廿二年九月二日入觐和后奉呈国书"，为我《诗词稿》第一首诗，其句如下："降准铜人立马看，慈宁此日盛衣冠。重楼联步声初稳，双户徐开室自宽。云静玺书成五色，秋高天语肃千官。殷勤为问神州主，槃敦从修两国欢。"此诗首句，原作"王母璇宫此日看"，嫌其不够切实，又"此日看"三字，凑而弱，乃改今句，指北宫门前所建十六世纪革命元勋威廉第一骑马铜像，写出本地风光。慈宁借用，以言女王所居宫。五六两句，先君谓为太陈旧，并说学做唐诗，往往有此毛病。

## 和后是贤明女王

和兰位于欧洲西北隅，东邻德国，南比国，西隔海与英国为邻，其北为北海。该国连里海在内，面积一万五千七百余方英里，不及我国浙江省的一半大，人口约一千二三百万人。第二次世界大战前，尚有东西印度殖民地，面积比本国大三十多倍，资源非常丰富，人口八九千万人。战后印尼独立，西印殖民地，亦成为自治领了。

和兰自一八一五年维也纳会议后，成立王国，采用立宪君主政体，威廉第一、第二、第三（先世先后封于Orange-Nassau，因以为姓），相禅为王。一八九〇年威廉第三卒，无子，传位于其女儿，是为Queen Wilhelmina（1880—1962），时方十岁，由其母Queen Emma摄政，越八年即王位。值第一次欧战，和国战战兢兢保全中立。第二次欧战，德军侵入占领，和后避往英国，主持流亡政府五年，美英联军得胜，收复西欧，一九四五年和后复国。越三年，以主政适届五十周年，亦无子，传位于其女儿，是为今女王Queen Juliana。

母后著有自传，书名暂译称《吾道不孤》①，所讲修身治国之道，富有民主思想与作风，洵可称为现代女政治家，此书足供为政者参考。

和后笃信耶稣教，一生有志于感化全世界人们，使皆皈依基督，尝自称为"世界公民"，意即指此。晚年崇奉尤虔，每逢

---

① 和后的书原文是和兰文，一九五九年印行，嗣译成英、德、法、瑞典及他国文，英文书名为Lonely but not Alone，含有宗教意味。我初译为"闲居道不孤"，商诸亦云夫人，嫌稍生硬，并说：所谓lonely，当指女王决大事时，小心翼翼，有赖上苍启示之神态，只用"道不孤"三字，意已明显，旋又加上"吾"字，庶较顺读。

接晤宾朋，言必称上帝。又时常以最诚恳态度，劝人为善，其言若曰：今有雪一小堆，偶从山顶滚落下来，挟泥石树干以狂崩，到了涧底，轰轰然如闻雷声。人之作恶也亦然，起初以为是小恶耳，不妨偶一为之，既而越积越多，不知不觉，转瞬间堕入深渊，无从自拔，盖以喻为人之必须慎始戒微也。

和后的个人生活，既严肃，又朴素。抗战期间，自奉尤俭，尝在伦敦偶逢和后参加公共集会，见其着极旧衣服而至。生平最喜看书，精通德、法、英各国语言文字。亦好美术，然自嫌无耳音，故于音乐谓无造诣。和兰多名画家，和后本人亦能画，记得民国二十二年九月下旬，我陪我妻初次入觐，谈次，和后问内人亦习绘事否？应以稍知涂抹，则问所绘何种？答以花卉，又问何花？答以兰花。女王对绘事兴趣之深，于此可见。

又和后关心民瘼，例如一九一六年和兰中部遇到大水灾，女王亲往巡视灾区，到处抚慰，回宫夜睡，自谓仿佛仍听见浪声擘拍，门窗随了波浪，旋开旋闭，此声此状，不断的萦绕于她的眼帘耳簧间，返看王宫房屋坚固，床铺舒适，未免觉得内疚于心云。

和后尝说王宫是一个鸟笼，凡居高位的人，往往置之笼中，故常思冲出官场环境，而直接与人民接近，但既身为女王，终以体制关系，难得如愿以偿。及其流亡英国，凡从本国奔往英国的和兰人（和兰文原字Engelandvaarder, that is, England farer）女王尽量接见，详询德人占领情形，尤注意于人民所受痛苦，同时量材罗致，令为流亡政府服务。和后并言"解放非恢复原状之谓"①，此言值得玩味的。故和后于一九四五年由英返和后，命"和兰人民运动"（Netherlands Peoples Movement）的领袖施亥米况（Professor W.Schermerhorn，工党党员）组织政府，以待战后第一次普选之举行。新政府阁员，大多数为占领期间在本国从事地下工作之人物。盖和后之意，流亡政府离开和兰，已有五年，对于本国情形，多所隔膜，故回国后宜多延揽留在本国的人物，况故国收复之后，政治机构，需要注射新的血液，不独气象一新，且非如此，将无以适应新的环境，而应付新的问题云。

## 和后欢宴外交团

和后于外国新使到任，并不设宴款待。其于外交团，在我驻和七年期间，曾仅宴请二次。每逢元旦上午入宫觐贺后，亦只于同日下午，由女礼官设茶会接待。和外长则每年分别宴请外交使节一次。和俗尚俭，女王以身作则，故绝少宴会。亦因一九三〇年间，受了全欧经济恐慌的影响，民生凋敝，自须节省国用，以为提倡。其后欧局日益紧张，更无从容宴请外宾之兴趣。至在一九三七年，则以公主年初结婚，举国欢愉，和后

---

① 此句英文原文为 liberation should not mean a return to the old conditions.

乃定于三月十五日晚七旬半钟,在王宫特开盛筵,宴请外宾,以志欢庆。大约在一星期前,先由领袖公使比使夫人Madame Maskens非正式电话通告各馆,谓闻女后将于某日晚宴客,但尚未确定,请勿为他人道云云。外交礼节,依照各使呈递国书年次,以其年份最前者,为领袖公使。其时驻和领袖公使是瑞士公使de Pury,彼未娶妻,故以其次比使之妻为领袖公使夫人。比使夫人打电话后,越二日,各馆接和外部油印通函,言王宫侍卫大臣谨问贵使及夫人某日是否在海牙?金公使则答以是日在海牙。至是月十三日,本馆接请简二份,一致金公使,一致金夫人,言侍卫大臣奉女后谕,敬请某于一九三七年三月十五日晚七点半驾临北宫晚餐,女宾服露肩长尾晚礼服,男宾服外交制服,佩带绶章。并于同时送到汽车对照号数,请简无候覆字样。是日晨,宫中管事人以电话知照各馆,请来宾于晚七点一刻到齐。金使则偕夫人准时抵宫。外交团男女宾到者,公使十七人,夫人十一人,代办十三人,夫人六人,共四十七人。诸宾既齐集,各持预排本人座位单一纸(公使依照呈递国书先后,代办依照到任先后),由礼官导进一室,男女宾依次分班环立,成正方形。约七点半,礼官报女后至,于是宾主相向行礼,女后复与各宾依次一一握手,道晚安,因偕领袖公使夫人先进,众人随后鱼贯入座。女后坐中座,其右瑞士公使,左比使,面女后坐者,为和外长de Graeff,其右葡使夫人Mrs. Santos Tavares,左乃比使夫人。有礼官二人,又女礼官五人,位于瑞、比二使之下，他使之上。别有礼官十八人，则皆位于公使之下，有在代办上者，亦有在代办下者，共宾主七十四人。坐定，七时三刻。满桌陈列黄白色鲜花，共装镀金插花架十五座。所食生蚝、清汤、鱼肉、蔬菜、野味、冰果之属，凡九盘。红白色葡萄酒及香槟酒六七种。进食堂时，始奏乐，乐凡八阕，食毕乐止。八时三刻餐毕，乃至外室立谈，是时烟酒杂进，众宾交谈，不拘礼节，女后则自比使夫人起，与各国公使夫妇，次第谈话，初尚立谈，继乃小坐。谈毕，女后与领袖瑞使及比使夫人握手告别，旋向众宾行礼而退，众宾亦答礼如仪。时为十点一刻，众宾乃相率与和外长及诸礼官握手告退。

（原载《传记文学》第十卷第六期）

# 三、兼管馆务会务以及回国述职

当年我国驻外使节，自以驻日本、苏联、美、英、法、德、义各馆职务，最关重要，次乃及于和、比等馆，亦以我国与和属东印度关系深切，侨民众多，并且时常发生血统主义与出生地主义双重国籍纠纷，故我国对于驻海牙使馆，亦相当重视。

和馆例行公务，未免琐碎，无须多所记载。兹先略说保护当地侨民事。此事固属领事馆职掌范围，然亦为使馆职务之一端，况我国驻和领馆，仅设阿埠一处，吾侨散居鹿埠、海牙暨他城者，为数不少，遇有事件发生，每就近向使馆请求处理，当然概予设法洽办。据一九三六年统计，除服务和兰船只常川来往之我国海员不在此数外，和兰华侨人数，约一千人，大致经营餐馆、洗衣业或开设小商店，其中做工多年绰有积蓄者，亦不乏人，然亦有青田小贩，颈挂小铁箱，鹄立街头，零卖青田石、皮带及花生豆等品者，状甚贫苦。花生豆，和兰语称为"饼大"（Pinda），我到任前某年，孔庸之先生游海牙，市中群儿呼为饼大，追询明此字意义，孔先生意颇不乐。此外侨民行为不端，贩卖鸦片，或做其他不正当事业者，时亦有之；亦或聚居一处，生活简陋，污秽狼籍，既不雅观，且碍公共卫生，因此种种，不免为外人所轻视。故我到任后，在华侨欢迎会席次致辞，勖以好洁、守法、尚德三事。旋又迭约鹿埠市警察长来馆面谈，洽商（一）如何为失业华侨觅相当工作，及（二）设法将无业游民及作恶犯法之徒，资送回国。赖我国侨领及当地官厅之合作，随时随事，略有补救，然终未获根本改善也。

我适翻阅张存武所编之《光绪卅一年中美工约风潮》一书（中研院近代史研究所一九六六年出版的），说（二四六及二四七页）"在抵制美货的同时，国人也感觉到华侨素质的良莠不齐，而思加以改善"。于是两江总督周馥建议"由驻美领事就近查考，如有为非不端之华民，将其拨解回籍"。同时上海绅商指"华工为中国下流社会之人，未受教育，其被人轻侮，大率由兹"。故主张"选热心任事之人，前往美国，设立小学，延聘中国教员，专教华工子弟，以期改良其性质"。此外尚有别的说法。可见远在六十年前，我国朝野，对于侨民问题，早经注意，然皆就已出洋之华侨，设法一面提高其教育程度，一面淘汰其不良分子，用意固善，但仍不外治标。及今回想，似在本国，首须订定出洋标准，凡有申请侨居他国之人，先行严格审查，分别准驳，注重在质而不在量。当然此法之行，易生流弊，此则尚须预筹防范，然此乃最彻底的治本办法，我当时见不及此,并未以此意条陈外部也。

我初到任,适值和属东印度的国民议会通过限制移民入境新条例,对于各民族每年入境人数,规定平均分配额,表面上在使各民族得到一律公平待遇,实则华侨入境人数,向来远超过他民族合起来的总数,故对于吾人的待遇,显然失之公允,以是引起吾们之不满与反对。我国驻和使馆及驻巴达维亚总领事,奉外部令向和外部及和印总督府分别交涉,请勿将该条例通过,即使通过,仍请以比平均配额较与中国人有利之其他办法,作为标准。至是我继续向和外长交涉,更于一九三三年十二月十四日,送致英文照会一件,共凡九段,原文颇长,故不照录。大旨根据华侨在和印之悠久密切关系,已成为和印经济生活上不可分离的一部分;又华人移徙和印,毫无政治企图,其所获得利益,纯属经济商务性质,亦并不与土人竞争等理由,提请和方于实施新条例时,盼能改变其对我的态度。事虽迭经交涉,乃和方并未改变其态度云。

同时尚有一桩特别事情:缘庚子赔款和兰部分,和表示愿退还我国,初拟用作治理黄河水道,终以磋商条件未成议,作罢。直至民国二十二年即一九三三年四月四日两国换文规定,除清理对和特种债务外,成立文化基金,将赔款年息百分之四十七,拨付莱顿大学汉学院,百分之四十,拨充选派我国人来和留学,而以百分之十三,补助中央研究院经办事业费。关于留学生事宜,则在和兰设立三人委员会经管,由我国驻和使节及和兰教育界二人充任委员，轮流担任主席，开会地点不拘，其由我任主席时，均在本馆开会。根据换文规定，关于中央研究院及留和学生两项的款项，该院得向委员会提请变更其比例。至是，该院作此建议，乃和方两委员，以中和换文宗旨，有提倡中和二国文化关系之明文，主张中央研究院补助费部分，亦应实行同样宗旨，并归该三人委员会经管。我以当时我外部与驻南京和兰公使谈判该问题，和使曾作同样主张，当经我方拒绝，和使因不复提；而换文之外，加订办事规则，对于中央研究院事业，特用"独立"字样，可见此项用途，不受任何拘束；况该院事业，每具有全国性的性质与规模，中和庚款部分，为数微乎其微，用作补助，尚且不敷，若必欲特定用途，事实上亦不可能。我迭与和外部及和方委员反复辩说，总算勉强打消其主张。即此区区小事，可见和兰人性情既多固执，度量亦欠宽宏，关于款项方面，尤为锱铢必较，甚少放松，往往如是。至派往和兰的我国学生，在我的任内，计有严恺学水力工程，王以康学渔业管理，刘某（忘其名）学空中测量，似尚有李某，又另有派往爪哇的学生，皆记不清楚了。

我驻海牙七年期间，正值德、义、日本三国策动对外侵略，国际局面，日趋恶化。我与和兰当局，随事讨论，听取意见，亦且探听真相。对于日本向我国侵略之逐步进展，尤复随时切实报告，争取援助，无如和兰估量本身实力单薄，战战兢兢，在欧洲既不敢开罪希特勒，在远东亦不敢刺激日本，故虽对我同情,而常取中立态度。即其人民,有时以我国某处疫症流行,募捐款项,购赠药品,亦必郑重地表示,此举纯属人道主义,毫无政治作用;有时和兰本国或和印华侨,向本国政府献金,亦力戒用助饷等名目,其谨慎戒惧,有如是者。是以我在和兰外交上的活动,贡献直等于零,但求尽其在我而已。

至我以对日问题,参加日内瓦国际会议及比京会议的经过,以及为欲实行各项决定,我与和政府洽商各情形,皆已见我以前所撰的五篇文字(即《旧国联如何受理我国对日本的声诉》篇,见《传记文学》一九六六年十一月、十二月又本年一月、三月、四月,共五期;另见拙著《从巴黎和会到国联》一书第五三至一八三页),今不赘述。此外从一九三三年起至一九三九年旧国联结束时止,我每年奉命往日内瓦同时参加国联经常会务,除大会及行政院之工作外,有时并出席他机构,如改善国联宪章委员会是。在大会中,以本国代表团之工作分配,我每年出席第二委员会。该委员会讨论全世界的经济、财政、金融问题,并检讨国联各种技术机关的工作。每届开会,我将我国的财政经济情况,作一简要报告,例如一九三五年(民国二十四年)及一九三六年(二十五年),我将我国法币政策的内容及其施行经过,摘要报告,并以英美等国之与我合作,使该项新政策,更得顺利实施,附语致感。此外如我国改善公共卫生,如建筑公路,以及其他借重国联上之技术合作各项计划,我亦为表示欢迎与鼓励。又我于此类演说文内,往往对于日本对我经济上侵略行为，暨有损欧美各国在华利益的措施，特为附带说明，借以引起友邦之注意与觉悟，当见下期拟撰的《抗战期间对外宣传及他项相关工作》一篇文，故不先说。

我所担任的旧国联经常工作中，以研究禁运军械问题，比较的最有趣味，也最有意义。缘国联所经手的国际争执事件内，有南美洲玻利维亚与巴拉圭两国之战争，即Chaco war，国联于受理期间，先由国联会员国，实行对该两国禁运军械及作战资料，期于促成停战，此议由英国发起，法国及他国所赞助，加以美国之合作，复加以国联之多方调停，同时并由美国联同南美数国，作同样的努力，总算觅得解决，为旧国联历史上光荣之一页。

一九三四年九月间，国联年会开会，于讨论玻巴事件时，苏联代表对于禁运军械一层，特别强调，意欲借以应付日本之侵略满洲，与义国之侵略阿比西尼亚。义代表看破此中用意，乃故意提出法律上疑问一二点，设法延搁，以为缓兵之计。遂由国联行政院决定特组织委员会，从纯粹法律上角度观察，尤其是从解释国联宪章方面研究本问题，并将结论作成报告，送交行政院及大会审定。该委员会由我国、英国、法国、义国、和兰、希腊、哥伦比亚七国，各派专家集会研究。我政府初以事关军械，拟派武官唐某出席，嗣悉他国均派法律专家，乃改派我为出席委员。

此问题经我根据有关文件，加以研究，为本国的利益与立场着想，拟提两项主张：即（一）禁运军械议决手续，在国联行政院方面，须经全体同意，惟当事国之投票，无庸计算在内，其在大会方面，须得多数同意，内须包括行政院全体同意，但均不计算当事国之投票（大致依据《宪章》第十五条第十节之规定）；又（二）禁运军械，应认为一种制裁，对于遵守国联建议之国不适用（第十五、十六各条），因此须先将责任问题，予以决定。此两项主张，经我于是年（廿四年，即一九三五年）三月间电部请示，得覆谓为可行。

为欲研究责任问题，须先解释侵略国之定义。当年日内瓦军缩会议，关于此点，曾采纳希腊代表宝利的斯（Nicolas Politis）之主张（宝氏为著名国际公法学家，历任国联代表，此次希政府派充禁运军械问题委员会委员），拟定草案一件（一九三三年五月廿四日），对于左列五种行为任何一种，首先发难之国，即指定为侵略国，该五种即：

（一）对他国宣战者；

（二）虽未宣战而带兵侵入他国领土者；

（三）虽未宣战而以陆军或海军或空军攻击他国领土或船只或飞机者；

（四）对他国海岸或口岸施行海军封锁者；

（五）在本国领土内遇有组织武装部队，侵犯他国领土，而对该部队予以赞助者，或虽经被侵略国之请求，而拒绝采取任何方法以停止其赞助庇护者。

此项定义，虽未经国际间普遍接受，亦未尝载在公法，然一则以曾经苏联于同年七月三日，据以向七个小国订立条约，二则以其所阐明之原则，理由充分，文字明确，故我认为该委员会于研究责任问题时，尽可据供参考之用。

我于是一面先向和兰委员林勃葛（J.Limburg）非正式交换意见。林氏也是国际公法学者，和国资政院资政，历任出席国联代表。我告以我的看法，认为《国联宪章》第十一条，既以保持国际和平而以和平方法解决纠纷事件为惟一目标，则根据该条规定而实施军械的禁运，作为保守和平的处分，对于两当事国同样适用，既须他们的同意，势必遭侵略国之反对，以致无事可为，况名为同样禁运，实则有利于侵略国，而有损于被侵略国，有欠公允。故我的主张，虽不将第十一条明白除外，然于先行解决责任问题后，宜根据第十六条规定，以禁运军械作为一种制裁，无须当事国之同意，即可实施。林勃葛种种看法，大致与我相同，惟对于此点，则持异议，彼谓倘不能根据第十一条而实施军械禁运，该条将失去一部分重要作用。又谓我的说法，偏重事实，并非纯粹法律上的见解，与召集委员会之原意不符。我答以"法律既是活的机构之意志的表现，吾人从法律方面研究某种问题时，对于活的事实，亦须加以审查"。林氏谓将来草拟报告时，说明纯粹法律之外，亦可加叙事实也。（一九三五年一月四日；又同年三月廿九日我与林勃葛的会晤录。）

同时我撰成英文说帖一件，送呈外交部审核定稿，内容分作四个标题，即（一）应根据《宪章》哪几条以提出禁运军械的建议？（二）禁运军械之手续若何？（三）在何种情事及何种条件之下执行军械的禁运？（四）第三国关于此事之权利义务。前三项的主张各点已散见本篇以前各段，不复赘陈。第四项所称第三国，既非国联会员国，又非争执事件之当事国，主要的指美国而言。观于美国对玻巴争端之合作，我主张凡有禁运军械的措施，第三国应与国联尽量合作，俾能收效。乃其时正值义大利侵犯阿比西尼亚之独立，义代表对本问题之讨论，认为不利于义国，故从中多方阻挠，致该委员会屡次延期，竟未开成。我所具的说帖，亦未获送出，当然未载在国联档案，是以我言之特详耳。

旋我于二十五年（一九三六年）二月间奉外交部电令回国报告，遂偕吾妻、两孩从英国坐船，以三月中到上海。往南京进谒林主席、蒋委员长、张部长（群）暨其他人物。七月初赴牯岭。是月廿九日，再谒蒋公于特区十二号邸第。先问近来研究何种问题，应以改善国联盟约问题。次询欧局，答以欧洲形势固紧张，但各国均迁就事实，颇多相忍，英之于德尤然，是以一时尚可苟安无事。我旋言英国地位重要，及英国近时对于国防如何努力，极言我对英国须有相当联络与布置。嗣蒋公询我对中日问题之意见，我说此完全视我国自身实力如何，在实力未充足以前，总须竭力维持一线生机，因此须付相当代价，比如对于经济合作等事，在相当限度范围内，只好酌量放松。旋又询及日俄二国关系，答以两国各有实力，彼此相畏，一时当不致以兵戎相见。旋因叔谟（徐谟）之先代请准，蒙蒋公当面写款，见赐近照一张，亦以我的号"纯孺"，每有写作儒字，乃为面呈名片照写，此照我敬谨珍藏。

我曾往杭州谒见膺白先生及其夫人，嗣复得相晤于上海。八月中我放洋回任前，又往谒于莫干山，其时膺公已患肝癌病。我回欧四阅月，公竟长逝，永别已三十年矣。

是时吾父六十九岁，康健如常。吾母弃养已六年，我往嘉兴杨墩拜墓，吾妻及女儿同往。姑母庞氏，我于四月初往谒于常熟，同去参加周君婚礼，别后五日，姑母中风去世，我又往送敛，吾父撰祭文，有"季子远还，谒妹里第，妹与同观，姻家嘉礼，乃不数日，遽闻妹逝"等句。又我二哥问洙长子咸莱，幼慧好学，成绩颇佳，乃患两肾结核症，沉绵几年，以是年七月底病故上海，年仅二十一岁，我适在牯岭，得报黯然。

我不善作游览诗，虽游胜地而无吟咏。最近三年前，二哥（现已去世）往游，有诗见寄，我乃补咏七古一首，得句如下："丙子避暑居庐山，觅句未得诗思孱。廿七年间见再往，吟兴不以聋盲阑。记偕妻儿作游眺，不凭脚力凭竹轿。放开眼界纳乾坤，收拾心灵入窈窱。蟠空宝树溯晋僧，讲学鹿洞尊考亭。

已听三叠珠声响，更看五老石色青。遂登大月峰之顶，笑揖汉阳高差并。下山千级人穿云，循麓百转蛇出汀。（下略）"庐山最高峰为大汉阳峰，高一五四三公尺，我所登大月山顶，高一五三〇公尺，仅较低十三公尺，故第十三、十四两句云云。我以此诗辗转寄与二哥，得覆谓想必写有日记，否则不能记得如许，此说良然。二先兄文学昌黎，诗学宛陵，亦能填词。其诗稿经自己删去百分之十五，存二百余首，谓为不合时宜，至今犹未付印。看我诗词极细心，老年弟兄，往返商榷，字斟句酌，从不厌烦，亦正引以为娱，而今已矣。

我于是年（二十五年）四月十四日晚间，应南京中央广播电台之约，作一演讲，题为《旅欧三年之感想》，分做和兰、国联及欧洲局面三层，简要说明。关于和兰方面，注重在该国的国民精神，说和兰人有一种坚强的自信心，就举出填海工程的一个例子，说和兰本国，一面领土太小，一面人口增加，感觉到粮食不够，乃把他的一个领海叫做南海，用人力填成陆地，先造成了一条长堤，然后分了四段填海工程，依次进行。要填的地，约共三百三十万亩，"第一段的面积，大约三十万亩，已经在一九二九年完工了。这一段建设新村，移民居住，所有道路、水电以及一切市政设备，同时并举，应有尽有。所辟的地亩，一部分供畜牧之用，一部分试种农作物，多有相当成绩。其余三段的填地工作①，正在次第进行，听说要半世纪方能全

①　现已成三段，约在一九七〇年可全部完工。

部完工"。因为我认为这是和兰人国民精神充分发挥的一个好例子，所以当时向听众特别贡献，兹更特为补叙于此。至于当晚广播演讲所说的欧洲局面等等，略见后段，故不先说。

我又于是年五月廿五日在南京陆军大学，次日在中央政治学校，六月九日在上海复旦大学，用同一讲题，加以充实，先后演讲了三次。我对于国联，说原意欲以公理为基础保持世界和平，此是一场空梦，却又说吾们对国联不必过于悲观。我对于欧洲的局面及法、德、英、苏联、义大利各国政策，尤其是他们外交政策简单的分别讲一讲。大致说法国的政策，是欲求法国本国的安全。又德国的民族，是决不甘心屈服的，他们忍痛接受《凡尔赛和约》，是要一个喘息的机会，德国一方面求和，并进而与他国携手，他方面暗中准备，实行他的整军经武大计划。"到了去年（一九三五年）三月，他（希特勒）竟毅然决然宣布组织三十六师团的陆军，恢复了征兵制度。"过了一年（即一九三六年三月），"又向莱因河解除武装区域进兵，此后还有什么好戏，谁也不敢说。有人说：第二步，或许发生德奥合并问题，这也是有可能性的"。讲到英国，我分了三点，说明他的政策：第一，英国对于全世界的事，多少都有些关系，故主张维持世界和平。第二，他不愿意欧洲大陆有一太强之国，故反而同情于德国。第三，英国要保持他的海军地位。又苏联不但与他向来所称为帝国主义者携手，并且加入了他向来所认为资本主义及帝国主义集团的国联，盖无非欲取得机会，办通他的富国强兵大计画。我于讲到义大利的对内对外政策时，强调国联处理阿比西尼亚问题之失败教训，认为必须自力更生，不可依靠国联以及其他一切纸片上的保障。我又说现在各国既正竞增军备，加以世界经济的衰落纷扰，"要是不出于一战，打一胜败，决一雌雄，试问还有什么其他出路呢"？讲到美国，我说美国地位重要，"当时（指第一次世界大战时）如是，今后亦然"。其时该国正推行其中立政策，"但是有大规模战事的时候究竟能否避免卷入漩涡，这是很难说了"！我又说"凡是大政治家，只要拿大公无私的精神，去替国家做事，即使前后有些矛盾，也是无妨的"。我又劝国人应该养成注意国防的心理。最后我说我是刚从和兰回国的，所以三句话不离本行，要以该国的奥伦治亲王威廉（William the Silent）说的两句格言："做事不必存希望，奋斗不必求成功。"贡献于吾的听众。

于此我要附带说明一点：其时关于中日问题，我政府鉴于国联之无力相助，诸友邦之徘徊观望，以及我国自身实力之尚待充实，故从权采取一面交涉一面抵抗政策，以争取加强国防时间，我所说国策上不妨先后有些矛盾，意即指此，特未明言耳。

是年（廿五年）八月十八日，我夫妇挈二子一女，在上海坐海轮启行返欧。廿九日到和印之棉兰，先参观国民党部、中文报馆、华侨商会及苏东中学各处，旋赴各团体在商会礼堂欢迎会之约，我为致辞。我先说我早拟特来和印视察访问，乃以欧洲方面，适有要公，不得不变更原定计划，现虽仅到一个口岸，作极短时间的游历，而已感觉到与和印全体同胞，真同息息相通一样。旋略讲在和印中国人的法律上待遇问题，要与欧美、日本人等取得完全同等待遇。继简要的说我国在物质与精神方面的进步，谓国人"对于国家自身之认识，沉静的发现了一种觉悟，此则给我影象最深者"。关于中日问题，一讲是年五月廿五日张岳军部长由外交途径调整中日二国关系之主张。末谓当前重重困难，性质严重，但政府具有决心与能力，必能领导全国，出水火而登衽席，希望侨胞信仰政府，并努力作报国之准备云云。九月十二日到马赛，改坐火车，绕道巴黎，访晤顾使，十四日回海牙，越六日即往日内瓦，参加国联大会工作，三星期后会务完毕仍回海牙。

（原载《传记文学》第十一卷第一期）

# 四、抗战期间对外宣传及他项相关工作

驻外各使领馆对外宣传，无论平时战时，皆属经常职务范围，理所当办。即就抗日期间言，虽特别撰印宣传作品，既非临时添雇人员助理，所增费用有限，故概由经常馆费开支，并不另请发款。只以此项工作，一面引起研究兴趣，一面增加外交经验，似尚不无意义，故为简载于次。

我在上篇说过，我于日内瓦国联年会时，经迭次奉派出席第二委员会，每于参加讨论金融、经济、技术问题时，对日本对我经济侵略，及其损害别国在华利益的行为，附带报告，既不离开专门本题范围，亦借以引起友邦之注意。

一九三七年七八月间，芦变爆发，淞沪鏖战，形势危急。九月二十八日大会第二委员会之会，我演讲中，极言我国正当努力建设，得有进步，乃日本进而对我国本部，施行大规模侵略，不独阻挠我的建设事业，并且损及欧美各国利益。因言凡在日人占领区域，就西洋人的工商业而言，所谓开放门户者，从日本人的角度看来，"只许从此门出去，不许进来的"。其次复从技术方面，说明日本人所称人口的压迫，原料的缺乏，以及国外市场的需要各项说法，皆是实行侵略的借口，而决非其真正因素。

次年日本对我侵略愈甚，局面愈见恶化，我政府决计西迁，以避敌锋。我于是年九月二十四日，又在第二委员会演讲，大旨根据统计，表明日本对华侵略，致使他国在华贸易与投资，皆俱减少。并言华中、华北占领区内，日本没收了华洋企业，设立华中华北开发公司，以控制交通、电力、矿业以及其他基本工业，概归垄断。复在该区域内实施对日货减低税率的税则，借以损害他国在华商务。又规定中国棉花免付出口税，意在将中国一部分地区，变成棉田，以廉价棉花供给日本的纺织业。此外，并在华北设立所谓"中央储备银行"，发行流通日币的钞票，冀将华北圈入"日圆集团"之内。即此种种，可以证明日本对我侵略，军事经济，双管齐下，意甚明显。其在我国自由领域内之农、矿、工业，我国努力振兴，百废俱举，公路、铁路，尽量敷筑，而沿江沿海各埠的工厂，在政府资助之下，将其全部机器人员迁至内地，继续经营，尤为创举。至占领区内关盐税被日本人强收之后，以该项税收为担保之对外债款，则仍照常还本付息，惟对于外汇加以相当管制，以杜流弊而已云云。

我于抗日期间，以驻和使馆名义，随时撰印英文宣传品，分送各界，称为《中日危机之最近进展情形》，在《旧国联如何受理我国对日本的声诉》第五篇（《传记文学》第十卷第四期，另见拙著《从巴黎和会到国联》一书第一五九页）内，业经提起。此项宣传品，自芦变后一星期（一九三七年七月十四日）起，至和兰被希特勒进兵占领前两个月（一九四〇年二月廿九日）止，历时两年七个月，共出二十八期。以撰送并不定期，故反能稍见持久，起初一星期出一次，嗣后隔一二月或更长时间出一次，直到和兰被德军占领之后，我乃停止此项工作。我编撰这种宣传品，系根据官方文件，中西大报，以及其他可靠资料，就政治、外交、军事暨其他情形，分段详叙，遇有特别事项与问题，更为特别加叙，时或加以论断，亦或提出警告，旨在解释我政府国策，反驳敌方宣传，暴露日本侵略阴谋，指斥日军种种暴行，描写我军之忠勇抵抗，与自由领域内之努力建设，以及日人如何贬抑西方各国之国体尊严，如何威胁在华欧美人之生命财产，与损害其在华利益，如何企图将西方各国的势力与利益，概予摈斥等等，不惜反复切实言之，以冀争取国外舆论之对我同情，而唤起西方各国之觉悟。

我于第十七期一篇内，诚恳地作一呼吁。我说："鉴于日本之侵略与挑衅行为，与远东太平洋区域发生主要关系的西方各国，究竟计将安出，现在必须作一抉择：各该国或则共同策划有效的支助被侵略国，并停止帮助侵略国，以冀挽回狂澜；或则自认绝望，情愿将在中国的权益，完全放弃。当然两项办法之中，第一个，不独符合各国遵守宪章条约原则之迭次宣言，并且比较上反而不致引起大战。此话好像不无矛盾，其实各国若果听令日本征服中国，则日本在亚洲大陆，于其占领地方，布置既定，复得利用大量的物力人力，必且踌躇满志，转而侵夺欧美各国在太平洋以及亚洲他处的领土，果尔，世界大战，难以幸免了。然若民主各国有此志愿，则大战尚可得免。总之，和耶？战耶？民主国家现正徘徊歧路之上，此时确有抉择一途的必要。"我为此说，在一九三八年一月二十日，其后复屡作类似的呼吁。次年九月欧战发生，因言九一八事变时，假使民主国家，协力同心，对付日本，阻遏其侵略行为，则其他侵略国，可能具有戒心，不敢横行无道，以致掀起大战，言外，对于英美当年徘徊观望，举棋莫定，深为致惜云。

和兰公开演讲机会不多。国庆日招待外宾，不宜演讲。每逢"九一八"纪念，我总是适在日内瓦襄助国联会务，参加我国代表团举行的纪念礼节。至关于七七事变，有民国廿七、廿八两年二次纪念，我先后在海牙、阿埠举行。此外，其他机会，如"一二八"纪念，如扩大国庆纪念等，为学生、侨民所发起，我亦均往指导演讲。兹略叙芦变第一周年追悼会的经过，以概其余。

是年（廿七年）七月七日，我召集侨民，在海牙某饭店，开追悼抗日阵亡将士及死难同胞大会。事前我撰送对联一副，句曰："甘拚血肉争先死，誓杀仇雠不并生。"准时率领使领馆人员暨眷属及吾妻子同往，各城市侨民到者，约五百人。午后三钟开会，我为致辞，约说四十分钟，侨民代表，亦相继演说。兹将我的演说，摘引几句于次。

我说："我们现在知道政府当局，自九一八事件以来，直到芦案发生，这六年之中，对内埋头苦干，对外竭力维持和平，这种立志之坚，用心之苦，在当时或许有一部分人不能明了，到了现在，我们是完全明了了。我们国民，只有拥护可爱的政府，全国一心，抗战到底，从死路中去找出一条生路来。我们要知道抗战工作，不容许有瞻前顾后的念头，抗战只有望前猛进，决不能向后退却的。"我又说：我是坚决相信我们可以得到最后胜利的。"我们只要拿无数阵亡将士及死难同胞为国牺牲的精神，作为我们的精神，来参加这个伟大抗战工作，只要各人尽各人应尽职分，这么就可以对得住阵亡将士及死难同胞了。"最后，我又说此一年来侨胞努力捐输，贡献政府，值得称许，希望继续加倍努力，因自己先捐和币一百盾（每九盾左右值英金一镑），当场集款，共收约八百盾，汇汇外交部转送主管机关经收，五钟半散会。

为了我做些抗日宣传工作，惹起了一桩小小外交事件，说来也颇有趣。缘一九三八年十月，广州被日军占领，海南岛亦遭威胁，朝不保暮（次年二月亦相继沦陷），日本南窥西方各国在南洋方面属地之策略，日见明朗化。适次年一月四日，历顿中华会俱乐部（和印华侨、学生所办）请我介绍林咸让君去演讲，我于介绍辞中特为强调日本南进政策对于和印之威胁。（他点详见后段。）鹿埠《洛塘新报》（*New Rotterdam Courier*）外交问题主笔格赖夫（De Graaf）与我相善，常时来馆长谈。彼对于国际局势之演变，颇有见地，亦颇抱悲观，比京《九国公约》之会，他亦往比京采访报导，会场外我与闲谈，彼察知会议毫无结果，叹谓只有谋一醉以付健忘而已。至是，我以是日我在该俱乐部的演辞，送交格君摘要登报。二月八日，我又约格君到馆谈话，提起此事，格君说：日本驻和代办萩原彻（Toru Hagiwara，一九六四年驻巴黎日本大使）见该报后，极为忿怒，问格君此系在何处演讲？又何以独于《洛塘新报》登载？格君答以他报何以不登，自非彼所能知。日代办欲向和外部抗议，有人对他说，外交使节，享有言论自由权，实无抗议理由。然他仍往晤和外长巴丹（J.A.N.Patyn）提出书面抗议，谓外交使节在驻在国，对第三国作此种激烈演辞，实所罕见，故彼亦将作同样演讲，以攻击中国。和外长婉言安慰，略示歉意，该代办不得要领而去。

越十二日即二月二十日，和外长约我往谈。原来和外长每星期照例接见驻和使节一次，我在海牙，几乎每次必往。谈话范围，颇为广泛，在我则最主要者，为请求助我抗日，停止助日，以及如何进一步作有利于我的表示之类皆是。关于例行事务，则大半由我随时电话约访秘书长（和外部无次长）及主管司长，随约随见，亦有仅凭电话接洽之事。至于和外长特请往晤之机会盖甚少，此次乃是特约性质。我坐定后，和外长即提起我一月四日的演讲，谓此系登在报纸具有政治性质的演讲。中日之争，和兰守中立，日本是和兰友邦，故驻和使节，不得对驻在国的友邦，演讲攻击。日本使馆，从未作类似的演讲。现在日本向和外部提出书面抗议，该照会共分九段，理由充分，应请贵公使勿再作此项演讲。旋接说和政府当然对华同情，但和国地位困难，应为贵使所了解，贵使在不公开场合，可发表任何意见，但是在登在报纸之演讲，自是另一问题。贵使此次演讲，固然并无过分激烈的话，然事态性质，并不因此而改变。

我说：和外长请我注意此事，良用感荷，亦以我未曾用更重的字句，但觉可惜。我这次演说，系从外交方面，对中日问题，作一简要报告。盖因美英两国，先后愿意对我作财政上援助，并对于日本"新秩序"宣言，提出抗议，认为现时外交空气，对我较见好转，故希望他国亦能相助。次乃提到日本南进政策，极言日本向我国南部肆行侵略，威胁日增，因根据田中奏折暨日本海军大将二人近年谈话，证明日本海军，欲从台湾及南太平洋归日本委托统治诸岛根据地，进攻西方各国的属地。并说这种宣言，日本有时正式否认，有时并不否认，乃言"日本的否认等于确认"。我又说我的演辞，除此句措辞较重外，并无其他激烈的话，然此句亦是事实。

和外长说：他不但请金使注意此事，他是正式提出抗议。我乃答言我当报告本国政府。因接言我当然了解和兰的困难地位，然和兰既是国联会员国，则就中日争端言，不得处于中立地位，故和国守中立之说，我不能赞同。和外长说国联已死了。我说我不愿与和外长争辩此点，但是我国看法，国联依然存在，国联会员国，仍负遵守各该议决案的义务，而中立之说，与《国联宪章》不相符合的。和外长坚持国联实际上已死之说，并言和兰并未与日本作战。我乃问可否一阅日馆抗议原文，庶使和政府对此事的立场，益见明了。和外长谓须问他的法律专家，可否以该照会抄送金使，旋又言或可密送一阅。（随后接其亲笔信，说不能送阅。）我又谓日馆抗议，想和外部将以书面答复？和外长答言当时只允日代办当与中国公使一谈，故不拟以书面复日馆云。我乃更就中日关系他三项问题，与和外长畅谈一番，始握手而退。

　　以上是关于宣传工作部分，本篇题目所说"相关工作"，系指和兰社会方面经手的对我国平民救济工作。原来一九三七年秋间，第二次战事爆发，鉴于我国平民饱受战祸，死伤流离，不计其数，和兰华侨、学生联合和国人士，组织救济机关，称为中国平民救济会，推莱顿大学汉学研究院主任戴闻达（J.J.L.Duyvendak，和兰著名汉学家，现已去世）为会长，名誉会长二人，一为资政院副院长贝拉此（洋文姓名前已见过），又一为水利部长力达善（Lidth de Jeude）。又在阿埠、鹿埠及他处共设有十三个分会，其参加人物，包括各大城市市长，又实业、银行、宗教、教育、艺术各界名人，而各地商会及报馆，复力为鼓吹，因以增强和兰人对华同情心，一时称盛。其各种活动，皆以人道主义为出发点，计有报纸上发表作品，散布传单宣传品，到处演讲，放映电影片，组织中国美术展览等项，而以沿街募捐及开彩票，为收效最多。故能于短时期内，募集和币六万盾，约合英金六七千镑之数。大部分款项，用在购买防疟防疫药品，以及外科用器具，均照成本实价定购后，分批交由和船免费辗转送交自由中国地区收用，各批照收无误。此外复有杨惠敏、窦学谦二女士，先后特来和国各处演讲，颇受各界欢迎。她们并劝收养战事孤儿，亦博得听众同情，遂由贝拉此夫人，特作呼吁，以为提倡，谓当基于基督教的慈爱，致念于中国灾童云。总之，此项救济宣传工作，激发一般同情心，收得实际上效果，所以辅助官方宣传之未逮，良非浅鲜。

兹仍就一九三八年间经过的两次活动，简单补充几句：（一）是年四月廿八日，和兰人凑集和币四千盾，购绷带装三十六箱，交由和船Meerkerk运往香港，转赠我国。是日在鹿埠码头行简单装货礼节，我往参加致辞称谢，戴闻达君亦在场。（二）同年十一月廿六日由阿埠分会会长热心慈善事业会凯脱拉夫人（Mrs.Ketelaar）在阿埠发起组织道路募捐，并开一种彩票。全市共分十五区，分区募捐，有一千七百人。我偕我妻、孩子同往总办事处，致辞道谢。阿埠市长夫人Mrs.de Vlugt亦在场。是日虽阴雨，仍收款和币一万三四千盾。越一二日，闻有一位募捐女人，偶为电车所撞伤，我妻又赶往阿埠医院送花慰问。

至以和政府名义捐赠我国之款，则有一九三八年间和币五万盾一笔款，此款和兰本国及和印属地政府各出半数，送由国联转付我国，作为防疫之用。我于是年四月十三日，访见和外长表示谢意，和外长言此犹大海中一滴水耳。我答称积多数国之滴水，有益我国必多。

和国力戒刺激日本，故所有为我募捐款项，不问其出自政府，或出自社会，总要避免政府作用，而概用诸慈善事业。其使领馆经手款项，以及我国侨民自己募集之款，固不受和方限制，但和印华侨，以有双重国籍关系，和印政府认为和兰人民，故对于其拨汇款项，有所干涉。缘一九三八年间，和印华侨集有巨款，汇交中国红万字会收转政府，组成搬运伤兵车十二组。和印政府认为该款并非用在慈善事业，表示不满，主张此后华侨捐款，应汇交上海华洋义赈会，或汉口华中万国红十字会。我奉部电，令向和外部请商和印政府停止干涉。乃迳与和外长及外交、法律二司长交涉，大致说：（一）该款并不作政治用途；（二）国联议决案有会员国勿作任何足以削弱我国抵抗力量的举动，当然有政治性质及背景，故即使该款移作政治用途，和印亦无反对理由；（三）和印政府所指定两机关,一在上海,一在汉口,两地现均归日本人占领,汇去款项,不免落在敌人手中,当非和印政府所愿意的。迭与争辩,乃和外部总以此事须归和印当局主管,迄无肯定答复,适华中万国红十字会办事处,从汉口迁设贵阳,我方遂指定该处为收款机关,此事始告一段落。于此更可证实和兰之遇事谨慎,不敢开罪日本,此特其一端焉耳。

（原载《传记文学》第十一卷第四期）

# 五、希特勒进攻和兰

## （一）德苏互不侵犯条约

一九三九年三月，希特勒并吞捷克后，进一步酿成波兰问题，制造波兰人边境寻衅事件，企图借端进兵，消灭波兰。在此紧张局面之下，苏联地位，举足重轻。起初英、法二国，拉拢苏联，其目的在万一德攻波兰，可能联合苏联，以共同阻遏德国之侵略。终以苏联提出进兵波兰条件，波政府坚不接受，因而英、法对苏谈判，陷于僵局。同时，吾们知道希特勒与史达林二人，皆是头等阴谋家，钩心斗角，不择手段，尔诈我虞，彼此玩弄。希氏乃运用其阴险狡猾的手腕，密与苏方联络，既停止其历年来反共论调，并看破史达林志在瓜分波兰，借与德国分赃，故即接受史氏条件，以此层及他项领土上的利益，慷了他人之慨，以为取得苏联中立之代价。是年八月二十三日，两个签订并公布《互不侵犯条约》，同时签订分赃密约，不予公布;逾一星期,德军进攻波兰,苏联如约中立,第二次欧战,于以爆发。

先是,我于是年六月十四日晤见和外长巴丹,巴说是日上午,联合通讯社海牙办事处主任斯搭克(Stark)来部报告,谓据可靠消息,德、苏二国,订有密约,内容未详云云。我遂与巴君共同研究一番,他说假定所订的是互不侵犯条约,则英国尚可与苏联商订遇有侵略时互相协助的条约。我问假定该密约规定倘德英二国间发生战事时,苏联允守中立,将如之何?和外长答称,如此则英苏间即无订约可能,情形益见严重。我说:老希最近国会演说,对苏联只字不提,此非佳兆。巴氏亦有同样感想。他又谓英国实已尽力阻挡苏联与德国联在一起。我说恐已为时太晚了。驻外使节探听消息,报告政府,为主要职务之一端,何况此系要闻,而又得诸和外长本人,故我回馆后立刻据电外交部。实则和外长得讯颇早,签约尚在两个半月之后。盖德苏二国,向来互相仇视,兹以情势推演,转而互相利用,故须调整邦交,原非短时间所能议妥;于是从商务谈判入手,不但较见自然,亦且借以掩人耳目,旋乃进入政治谈判,为其真正目标。然因此别馆有以商约电告外交部者,缘订立《互不侵犯条约》前几天,确有两国签订商约之事也。

## （二）和兰维持中立之艰难　汶罗事件

和兰传统的中立政策，纯粹自主性质，意在专靠自己的力量以维持中立，不欲任何他国用任何方式订约保证，更不欲与任何国签订军事同盟，故凡有保证中立提议，和国概予拒绝；然欧战初起后英德二国所为尊重和兰中立之片面声明，和政府虽不正式接受，亦未表示谢绝。

和兰之谨守中立也，对任何交战国，采取同样不偏不倚的态度。欧战初起，德国商请和兰照料德国在波兰暨非洲几处属地的利益，故和国一部分人，认为此可证明德无侵和意思，大部分人，则谓此种看法，未免过于天真，他们并早料他日侵犯中立来攻和兰之国，必是德国而非英法。然亦因此和政府对于保守中立一事，对英较多挑剔，而对德反有时予以礼貌上的敷衍，天下事每多矛盾，此其一端。故于英国实行对德封锁，公海上搜查中立国船只，扣留运德货品，损害中立国贸易，和国抗议甚力。旋以德国大量的实施磁吸性水雷战术，英乃没收德之出口货以为报复，和国于此尤指英国之举动为有背国际公法。而对于德国，反多所周旋，例如一九三九年十一月八日明兴炸弹案，希特勒得免于难，和后致电称贺，和外长既亲往驻海牙德馆慰问，又训令其驻柏林使节往德外部致意。和国既战战兢兢，必恭必谨，至于如此，而德方则仍以其过于服从英国，深致责备。英方则以和、比等国能否保全，须视英之是否战胜而定；于是多方宣传，怂恿其放弃中立，欲令和、比等国暨他中立国，起而与英、法为一致抗德之举动，此则中立国所不敢为也。

是年（一九三九年）十一月间，希特勒初次转了西进的念头，对和兰方面，责其袒护英国。是月九日，和外长克兰芬斯（克氏以和外部司长，外放驻瑞士公使，正当就任，值内阁改组，升任外长）在国会第二院演说，力加否认。说"吾们不愿做英国的工具以害德，正与吾们之不愿做德国的工具以害英者相同。吾们态度正当，无可訾议。须知和兰人为独立民族，正如国王威廉第三所云信上帝恃己力以为生者也"。

和、德二国间之摩擦与争执，其性质最严重者，为 The Venlo incident，汶罗事件①。先是，十一月八日晚间，希特勒到明兴啤酒室，举行纳粹党纪念年会，是日演讲，较往年为短，且以前演讲毕后，每与老同志饮酒话旧，移时始别。是晚说完，即偕几个要人匆匆离去。去后约十分钟，壁柱间一声爆炸，死伤数人。战后查明此系希氏同意装置，诬为英方秘密情报人员所为，借以激起国人痛恨英国而加强拥护领袖之情

---

① 我于汶罗事件，在所编送外交部的《德和战事经过情形报告》内，写一小段，兹根据下二书，予以补充：

（1）*Juggernaut over Holland*, by E.N.van Kleffens, New York, 1941, pp.64-68.

（2）*The Rise and Fall of the Third Reich*, by William L.Shirer, New York, 1960, pp.652-56.

第二书记载尤详，且其说法与和外长所说有不同处，当从第二书。

绪。该案发生后，其机关报归咎英国。会有年青党员薛伦伯（Walter Schellenberg）者，冒名为反对纳粹党的德国人，正与英方谍报人员二人，取得秘密联系。此二英人，一为斯的文斯少校（Major R.A.Stevens），是驻和英馆秘书兼管护照事宜。又一为白斯脱上尉（Captain S.Payne Best），是一位娶有和妇久居海牙的英国人。二人奉有伦敦方面密令，准与德人会谈，借以试探有无与反纳粹政权和谈基础（和外长只说试探有无和谈基础）。经密洽和方情报机关后，和方派有军官克洛伯中尉（Lieutenant Klop）参加，此则据和外长事后解释，谓系欲察看并防阻有侵犯和国中立情事。此数人者，先已在和国东南部与德国交界地点，会谈二次，是日（十一月九日）将在汶罗作第三次聚谈。白斯脱等一行，乘汽车行抵会面地点时，突有德方暗探，从相距只一百余英尺地点，越境开枪，击毙和军官，携其尸体，并劫二英人与和兰汽车夫，同入德境，遂诬指该二英人为炸弹案主谋。和政府迭次交涉，均置不理，直至次年五月十日德军进攻和兰，乃指汶罗事件为和英二国串通害德之证据，而为兴师问罪之理由。其装置炸弹之人G.Elser为一熟练的小机器匠，以有同情共产嫌疑，投置某集中营，至是贿令担任此项工作。他本恨老希，闻此谋害计划，适符腹中私愿；既已制弹装好，本许其恢复自由，资送瑞士居住，既而仍送置集中营，直至战事将停之际，为暗探所害死灭口。该二英人，亦送度集中营生活五年，战后均得生还。

五、希特勒进攻和兰　　**157**

一九三九年八月下旬，鉴于德波关系之恶化与欧局情形之严重，和兰、比国、卢森堡、瑞典、那威、丹麦、芬兰七国元首，共同作一和平呼吁，未得要领。和国复约同比国分别向德、法、英、义、波兰五国使节，提出和、比共同调停之议，亦无效果。迨战事起后两阅月，以传闻德将进兵西欧，形势紧急，和、比二国元首，又共同向德、英、法三国，再作一和平解决纷争的呼吁。英、法分别复称该二国关于恢复和平之主张，业经宣布，倘德方有足以贯彻此项主张之建议，当为诚恳考量。德国口头复称和、比二国的动议，既遭英、法破坏，当已失去作用，成为过去，因此这次呼吁，亦归无效。总之，和国尽其最大努力，冀欲保全和平，至少维持中立，终于为德人所侵略，牵入漩涡，中立为所破坏，疆土为所占领，确是一页痛史。

## （三）和兰国防之配置

和兰值第一次欧战，幸得守住中立，战后国联产生，初时希望可恃以维护世界和平，故不甚注意国防，而偏重教育及社会福利事业。到了一九三〇年以后，看破国联毫不发生作用，希特勒野心日露，得寸进尺，全无止境，英法应付失宜，和国处于其间，怵于局势日非，对于国防，虽非亟起直追，亦稍有亡羊补牢之觉悟与准备。

和国东境全线，接壤德国，南北约长三百公里，故其国防配置，最为注意陆防；当然同时布置西岸海防，则聊示对英对德同样设防初无歧视而已。其在陆防方面，于和政府下总动员令后，可得三十五万至四十万人，编成十师，其中受有现代军事训练者，约十万人。和兰国小兵弱，复无高山峻岭以为守，其国防主要任务，只在尽力所能以维护中立。他方面，则以该国地势低洼，全国河道纵横，水闸完备，谓可恃以御敌，而启闸灌水，遂为和国有史以来国防上传统的要素。论其边防，如指定地点之准备放水，如桥梁之备炸，如机关枪网之设置等等，充其量，只能暂挡敌人的猛攻，以之击退强寇，原属不可能的。

　　和兰海空军质量俱差，实无足道，当年所引为自豪者，为灌水线防守区。凡政治中心之海牙，工商业中心之阿埠、鹿埠及他城，皆位于该区范围内，亦即该国国防地带所在地。阿埠本为重镇，即历年填海所筑长堤，亦复设防。而此灌水线者，不独含有军事上重要性，并有历史上的价值。西历一六七二年，和人尝于其地，以一万和兵，阻路易第十四十倍之师，至于今传为美谈。灌水区，宽自四公里至五公里不等，水深可至数公尺。欧战初起，迭经试验，认为可使敌人的马队与机械化部队，均陷于泥淖而不得进。此外，和国所有防区，皆可放水，固不独灌水区域为然也。

　　讲到这里，我想起一九三九年十二月间，我同柯林博士，均在日内瓦参预国联会务，一日，他邀我到他旅馆午饭，谈起国防线，用铅笔画一草图，详为解说，兴趣甚佳。他说：德人若引兵来攻西欧，必然遇到英、法、和、比军队联合抵抗，故他对于和国前途，并不悲观。且言联盟国可望战胜，欧战一年可了。我又连带想起是年上半年，和政府决定造战斗舰四只，以充实和印海防。当讨论该案时，柯总理一人看法，认为和印发生战事，可能在十五年、廿年之后，目前并无威胁，故无须造舰，其他阁员，如殖民、国防、外交各部长，均不然其说。按柯林为和国有名政治家，历任总理及他要职，亦常出席国际会议，为和后及一般人士所信任，国际间亦有名望，然其估量世局，真未免太欠成熟了。他亦曾向邱吉尔说：若有敌人来攻和国，他只要在其公事房内，一按电钮，全线放水，即可将敌军挡住。邱君回忆录内批评，谓"这都是胡说"（Winston S.Churchill's The Second World War, Volume Two, p.31.）。

然一九四〇年一月间，柯林曾向其政府建议，主张与英国商洽共同御德计划，同时并与德国商洽共同御英计划。他的看法，以为和国处此危局，必有求援于他国之一日，顾现代战术，千头万绪，必须与理想中的友邦，早为接洽准备，方可临变得有效之援助，比如友军应在何地登陆或驻兵，又如友邦飞机应停何处机场，种种问题，均须事前早为商定，即不得不预有接洽。其时和兰当局，深恐若与一方在国防上有所接洽，必将启对方之疑虑，而促成侵略之祸，是则商洽准备之利未见而弊已先乘之，故对于此项主张，不敢采用。至于此议若行，究竟能否减少危机，阻止侵略，则亦未可知也。

## （四）和德五日战事　和政府迁伦敦
## 德国占领和兰

一九三九年九月间，希特勒既征服波兰，移军而西，西欧各国，顿生恐慌，局面之乍张乍弛者数次。初传十一月间来攻和、比等国，幸而未果。旋值冬令，多雾复多冰冻，不利于作战。次年一月间，有德国飞机一架，在比境被迫降地，查获进攻和、比计划，急报传来，又大吃紧。四月间德国用威胁手段占领丹麦，同时攻占那威。嗣后一个月间，和、比等国，无日不在戒备中。五月八日午后，我访见和外长克兰芬斯，他说并无特别紧张情形；他又说是晨四钟，驻巴黎和使以传闻德军进攻和国北部，特来电话打听，"我（和外长）答以你去睡觉罢，亦让我睡觉呢！"次日即九日，我接到阶平（钱泰）比京电话，说他接到蔗青（驻德大使陈介）电，谓日内"德国某君"要来拜访他（阶平）与我，并分访少川（巴黎）、复初（伦敦）二君云云。是日傍晚，某报馆记者来馆，尚对我说形势又稍见缓和了。又次日即十日天尚未明，德国某君果然来拜访了。

是日（十日）晨四钟一刻左右，我睡醒，闻空中巨型飞机声、枪声及高射炮声，疑有变端，披衣而起。我倚窗而望，看见德国飞机约廿架，飞翔成群，高射炮弹，烟药满天。吾妻及小孩,看见飞机上德国国徽甚清楚。俄见德机一架中弹落地,离馆屋甚近。我与和外部及各处通电话,证实战事业已爆发。晨三钟起德军开始进攻。六钟驻和德使方恰克(von Zech)往见和外长,亲送最后通牒,称德人已以大军进攻,所有抵抗,均属无济。和兰若不抵抗,则德国可保证王室以及王国与海外属地之完整,否则其国土与政治地位,将发生完全毁灭之危险,因此劝和政府立刻晓谕全国军民,并设法与德国司令长官觅取联系。又称德国获到确据,英法二国,即将侵略和、比、卢森堡三国,以进攻德国之罗尔(Ruhr)区域。此项进攻计划,早经准备,为和、比二国所知悉云云。和外长闻言甚怒,用蓝色铅笔写出短短答复,云所称和国与他国接洽,企图反抗德国,此种推测,和政府愤然否认。兹德国既已无端侵略,则和、德已成交战国矣。同时德外部以很长的备忘录一件,当面交与驻柏林和兰公使,历数和兰如何自己违背中立,特别指出汶罗事件,认为兴师问罪之主要理由云。

　　和兰对德抗战,自五月十日起至十五日止,支持了五天,以视德国原来计划,欲于一天内解决,竟奋斗了五天之久,就和人方面而言,已感觉到虽败犹荣了。战事初起,敌人的陆军、空军,用闪电式扑攻,来势极猛。尤其是他的跳伞部队,都是年龄十六岁至二十岁的青年,纷纷下降在业经放水的防守线后面,迅速的占领几处飞机场,接连着便运来大批军队,从空降落,占领若干主要桥梁及其他要点。比如南达比国之莫尔大克（Moerdyk）长桥，原定必要时炸毁，仓卒间不及施炸，已为敌军所占领，然后向北威胁鹿埠、海牙等城。于是前线后方，内外夹攻，加以第五纵队与和兰国社党人以及其他通敌分子，极端骚扰，激成巷战，和军顾此失彼，无法镇压，固然和军奋勇抵抗，无如比较敌军，强弱悬殊，有效的外援又不至，燎原之势，扑灭无从。德国预定开战那天，生擒和兰女王与全体阁员，借以劫持和政府而消灭抵抗力。幸而守军防范抵抗，相当努力，第一天得英空军帮助，将敌军在海牙占领之飞机场一度夺回，都城暂获保全。而担任攻入海牙生擒女王之德将军，所坐飞机，被击落地，该德将毙命，计未得逞。是日和外长偕同殖民部长韦尔脱（J.I.M.Welter）奉政府命飞往英国，与同盟国觅取联系，继续共同抗战。不久和公主与和后、和阁，亦先后坐英国驱逐舰往英，在伦敦成立流亡政府。其时和军不支，前线崩溃，然中心区之守军，尚在作最后之挣扎，敌军尚未获攻进海牙、鹿埠等城，故德军要求鹿埠即日投降，否则将遭空袭之祸。乃和军官正在接洽投降条件与方式之际，德空军遽向鹿埠市区猛烈轰炸，其祸其惨。和军旗投降，和国西南部继续稍有抵抗，至十五日而全国为德军所占领矣。

和兰王族，德国所自出，人民亦多德国血统，所说外国话，德文居百分之五十，无怪人民倾向德国，并非少数。和国亦有国社党，即纳粹党，战事发生之前夕，该党领袖慕珊尔（Mussert）曾宣言，德若攻和，和兰国社党人既不在政府服务，又非军官，自惟有袖手旁观。又言此次欧战，若英法得胜，则吾党即无立足余地矣。总之，和兰后方，颇多卖国行为，然似未必与德军表里响应，故尚非直接通敌。又上年（一九三九年）冬间，本有从和兰偷送和兵军服于德国之说，此次跳伞德兵，果有穿和兵军装者。亦有扮成传教师者，则谓其使命在于劝降，并无其他作用。又有上次欧战，德人流落和兰，生有小孩，穷无所依，和兰人抚养成人，至是投入跳伞部队者。亦有装扮巡警、邮差或其他平民模样者。其中亦有前在和兰当女仆者，原来战前以德国女仆，做事勤敏，和兰人每喜雇用，至是随同跳伞队降落原主人居宅附近，做向导工作。此外尚有久居和兰善操和语之德国青年，亦作向导。总之，后方种种举动，诡计百出，在德国人眼中，固认为爱国行为，然自国际作战惯例观之，则至少成了新的纪录矣。

和、比二国，直到德军开始进攻，方始放弃中立，向英、法二国求援，平素既无洽商，临变焉能生效？战事发生，英、法军队，立刻会同比国军队，共同在比境作战。至于和兰方面，则有法军一师，亦立即开拔，沿海北进，然仅得赶到和国南境，未克与和军取得联络，终被敌军压迫而退。若论英国对和援助，该国除派若干架飞机相助外，亦曾派军队一营人，登岸来海牙助战。其时鹿埠最吃紧，和方商请转往彼处，以未奉本国军部命令不往，仍回海口上船而去。其中一部分人，本欲去毁某处水闸，被挡未果。又英之兵船专为迎接王族及政府人员逃往英国，并无其他任务。和兰舆论，对英、法颇不满意，对英尤甚，谓英国人只晓得指挥别人做事，自己却不动手；又讥英兵但知挑剔饮食，不喜吃和兰饭菜，晨间要喝惠士基酒，晚上要喝香槟酒云。

和、德战事既告结束，越二星期，即五月二十八日，比王投降。德军原已于五月十日起，同时猛攻法、比二国，十三日晚间，夺得西丹（Sedan）要塞，西丹为一八七〇年普法战争法军败降之地，亦即第一次欧战德军冲进法国之地，此次开战第四天，已被敌军占领。德军于是乘胜直攻法国西北海滨，联军大败而退。德军遂占领海口数处，以威胁英伦三岛。其时联军困守海角，随时可遭全军覆没之祸，幸而遇到老希军事上一大失算，令军队停止围剿，凡几天，英人趁此机会，抢救英、法兵三十三万八千余人，从邓口克（Dunkirk）分批渡海撤回英国。同时德人会师转战而南，直趋巴黎，席卷而来，所向无敌。法总理雷诺（Paul Reynaud）说："法国抵挡德国坦克车的设备，有如海滩上的儿童，堆沙成墙以挡海浪之来冲，其何能济！"既而义大利趁火打劫，亦对英、法宣战。巴黎以六月十四日失守，越三日法政府改组求和。是月廿二日、廿四日，先后对德、义签订停战条件。于是自那威、和、比、法国，以达于西班牙边境之海岸线，长约五千公里，尽入德军手中。是时德国一面放出和平空气，一面于英方坚拒后，开始准备进攻英国。其时一般人推测，三四星期内，英国亦将崩溃，邱吉尔则宣言誓死抗敌，不幸战败，准备率海军奔往加拿大，徐图恢复；形势危急，至于如此。故和兰之胜败，自一般人观之，实在无关紧要也。

于此有当特笔详写者：距巴黎东北约三十五英里，有树林叫做巩比爱尼（Compiegne），中有一块圆形空地，一九一八年十一月十一日，德国败降，其地特置卧车一辆，联军总司令法国上将福煦（Marshal Foch），在车中受降，签订停战条件，事后以此车送存巴黎某博览院，成为胜利纪念物。至是老希下令将该车拖运至原地点，六月二十一日下午，他坐了福煦原坐的椅子，接受法国代表投降，其停战条件，次日车中签字。据一位有名记者兼作家休楼（William L.Shirer）当场目睹的记载，谓老希登车前脸上表现出来，何等憎恶而又蔑视法国，何等心心念念要想报仇，何等得意洋洋，何等睥睨一切。又说看见他（老希）两手急拍其臀部，两肩如弓之外张，两腿跨开颇远，态度傲慢，与其脸上表情相配合。其后我在海牙看新闻电影片，见老希在车边手舞足蹈，举止浮躁，我颇嫌其失态。然平心而论，车犹是车，地犹是地，廿二年间，胜负易国，荣辱易位，其生平为祖国为民族复仇雪耻之抱负，一旦如愿以偿，踌躇满志，自是人情，此段战绩，决不因后来惨败而减少其重要性。成败之数，难以逆睹，历史循环的教训，非吾人所应牢记者耶？

## （五）我往鹿埠访问侨民　中立国使节会谈
## 我往比京一行

五月十四日下午鹿埠市区遭轰炸，传闻平民炸死二万五千人至三万人。克兰芬斯书内说三万人，即一九五三年刊行之《大英百科全书》，亦用此等数字。我编送外交部的报告，则历举德国官方公布三百人之数，以至驻巴黎和兰使馆所称至少十万人。我的日记内，乃言："有说平民死伤六万人，德方说六百人，何相差如是之巨耶？"当然皆非确数。直到一九四六年在德国纽兰堡（Nuremberg）之国际军事法庭，和政府报告平民八百十四人被炸死。可见数字难得准确，此其一例。此外伤数千人，无家可归者，七万八千人。但该军事法庭，对于鹿埠轰炸，并无人因此定罪。

德、和战事初起，我即嘱驻阿埠领事冯吉修，将侨民所在地，大致分为四区，一鹿埠，二阿埠，三海牙，四乌埠（Utrecht），每区推定或指定侨界领袖一二人，代表各该区全体侨民，就近向使馆或领馆报告消息，并接洽事务。海牙二人，连日来馆，乌埠及他处小地方，华侨极少，无甚问题；阿埠有领馆照料，更不成问题；独鹿埠人数既众，炸祸最烈，而消息全断，我乃于被炸之次日即十五日下午，偕吾妻及袁、王二秘书前往该处。城中心被毁区，约三方公里，如两车站、大戏院、百货商店，以及附近房屋，悉遭炸毁，有几处尚在焚烧中，途中闻诸德军官，则言此是第四类轰炸，至伦敦、巴黎等处，将以第一类轰炸相加。旋抵华侨住宅区，询悉侨民皆平安无恙，房屋亦未受损失，我一面表示欣慰，一面以其时适得到华中抗日我军胜利消息，据以转告，侨民闻而兴奋。亦以是日尚须参加中立国使节会谈，因即赶回海牙。途中与德国军队相遇，我的汽车，几次被挡住，亦以我车顶覆以国旗，德军对中立国外交官，相当有礼貌，故吾车有时夹在德军部队中同行。见其军容整齐，兵士年轻，精神充足，却无趾高气扬之概。途中见打落德机及降落伞颇多，然未见一具尸身，可能早已移埋，但见死牛数头而已。

和政府对德交战，和后出奔英国，和政府亦迁英，皆未经和外部知照外交使节，亦未请随同他迁，故只有联盟国各使，如英、法、波兰等国公使，随和政府往英，至我国、美国以及其他中立国使节，均留在海牙。我于五月十日晨与外交司长范洛英（van Roijen）通电话，询以驻和使节应做何事？答云此时无船只，无法疏散，一时当可平安，和政府当竭力保护使团云。

同日午后，领袖公使（瑞士公使de Pury）因罗马尼亚公使Diano之要求，在其馆中邀请中立国使节会谈，所议四事：（一）外交官通电话，应不加阻碍；（二）外交官应自由取存款，不受限制；（三）不受粮食、煤油及其他日用品配给限制；（四）关于外交人员撤退一层，众认为无跟随驻在国政府义务。因议定前三点请由领使与和外部交涉。越旬日以未得领使复音，罗马尼亚公使请于其馆中茗谈，领使未到，其时银行取款及汽车用油等项，已有办法，但各使与本国政府明密码通电一层，则尚亟待解决，乃公推我及义大利公使Diana，往见领使及和外部人，义使不愿往见瑞使，乃推我一人独往两处，我允以中国公使资格去打听消息后再来报告。是日会谈，同人中有富于法律思想者，则谓此时绝对不可与德馆来往，即托德馆代发私电，亦认为有所不便。我因分访领使及和外部人，探知通电一层，必须听由德方决定，即据以报告同仁，有人仍推我往见德使，我谢不敏，乃改推义使，义使允往，众甚喜，昨之持法律见解者，至是亦无异辞。再者，瑞士公使以诸事纠缠，觉得不耐烦，曾对我说："诸同仁中，有未了解吾辈已成为无地位人，吾辈只是几岁小孩而已。"诸同仁中本有对他不满意者，故此语我不予转达，免多刺激。义使与德使商谈后，德使说因有技术上的理由，此时仍不能通电。其后德国外交部派一位代表来海牙，姓白奈（Bene），是公使地位，瑞使亦曾往与商谈，仍无结果。在此期间之内，我的来往公私函电，概托由柏林陈大使代转，直至七月初，接到日内瓦办事处所转重庆我外部最近战事情形电，为第一次直接外来电，又同时我直接发部电一次，此两电均系英文明码，仍须经过检查，方能分别收发也。

战事发生后，我以一则要晓得比国实情，二则要打听钱大使及吾侄咸和消息（咸和时肄业比京化学专校），故常想往比京一行。某日，罗马尼亚公使说起，他曾坐汽车往比京一次，并无困难，故我亦拟去，为郑重计，仍托德馆转向德司令部请发通行证，复言不能发，并言倘自己前往不免冒险。我仍于五月廿六日晨九点钟出发，沿途看见德国运军火车辆甚多，皆系南往比、法二国接济前线。又莫尔大克长桥，正装高射炮二尊，以防英机轰炸。以十钟半到比境，和境无人看守，比境遇德兵三人，车稍停，车夫下车说明后，德兵向我行礼而退，毫无阻碍。途中大路有被炸毁者，循小路绕道而行。沿途来往军用车甚多，有时车停稍候，有时我车夹一排军用车而行。正午抵比京大使馆。阶平全家，已于旬日前随同比政府西迁，咸和随往。留王秘书赍祺及馆员三人在馆。王君说：比政府决定西迁后，比外部交际科长，电话通知各馆，但是否随往听便，钱使决定不去，越一日，又来电话，表示希望随往之意，同时又有其他缘由，乃改定随往。然中立国使节之留在比京者，连同领袖大使与领袖公使在内，尚有若干人。又留比使节，已向德司令部或留片或往拜访不等。我在馆午饭后回海牙。其时前线尚在激战（比王于廿八日投降），然比京及盎维斯〔Anvers（Antwerp）〕等城，依然无恙，街上行人颇多，热闹如平时，一若并未经过战事，亦未遭受敌军占领也者。

## （六）占领国之行政设施　培纳亲王生日事件

德军占领和兰次日，即五月十六日，将和兰钟点提早一句钟四十分，改成德国钟点。发行"德国昭信特种票"，以一个半马克，换和币一盾之比率，定为和币以外之法定货币。同时德军总司令出安民告示，劝居民各务所业，安堵如常。越二日，希特勒下令将和兰军民事务，由军民长官，分别处理。军事由驻和德司令负责。民事特设民政官一人，称为"和兰被占领区德国民政长官"，驻节海牙，执行广大职权，在适合军事占领状态范围之内，维持和兰官厅与法律，并保持司法独立。因派崔心夸（Arthur Seyss-Inquart）为民政长官。崔心夸奥国人，德奥合邦时代，曾任奥政府阁员，合邦后，受希氏任命为奥省长，同时任德政府阁员。波兰被德军占领后，又尝任为波兰被占领区代理总督，兹任今职；一九四六年，国际军事法庭判处死刑。

和政府全体阁员离和赴英后，其各部秘书长以下人员，均留海牙，照常供职。海牙既被占领，则成立"秘书长团"，其职务仅在调整次要性质工作，德方视为一种承转机关，其在和方，尚有认为不绝如缕的国家生命所寄托者。至稍关重要事项，皆须送由德方办理。和外部尤无事可为，原署由德外部驻和代表设办公室，该外部初迁殖民部，嗣移国会第一院。盖自德军进占海牙后，各机关往往被迫他移，其档案亦被搜查云。

民政长官之下，复设四个委员，分掌行政、司法、公办、特务以及财政经济诸事宜。德之占领和兰，起初双方颇能合作，故对和方力持宽大，双方俘虏同时释回，即其一例。（两年后，德国以和人不甘屈服，仍将和俘送往德国拘禁。）既而以和兵对占领国军政长官，殊少致敬，德军司令部严厉处置。自时厥后，德方态度，骤增强硬。管理统制，益见紧张。举凡粮食、汽油，暨其他必需物品，尽量搜括，而居民所需，则严加限制。此外如虐待犹太籍人以及其他苛政，次第推行，狰狞面目，完全暴露，当然惹起反应，激成地下抗敌工作，亦复日甚一日焉。

八月二十九日，为培纳亲王（Prince Bernhard）生日。（亲王是当今和后Queen Juliana之夫。）海牙市长，先期知照市民勿悬国旗。向例，凡遇女王、公主、亲王生日，及王室吉凶大事，宫中备有签名簿三册，便贺者吊者签名。至是群往签名。（照例，外交使节亦往签名，是日我仍往签。）又以亲王喜佩之白色小花康乃馨（carnation）系于衣襟。并于宫门前遍地铺饰，以示庆祝。晨间虽人多尚无事。中午愈聚愈多，学生成群。既而和总司令General Winkleman（即投降德军之军官）亦来签名。众唱和兰国歌，有高呼恢复王室者。情绪紧张，和警无法阻止。旋德警持机关枪往弹压，禁止签名置花，并禁进宫。傍晚德机数架，全城飞巡示威，幸未酿成惨剧。德方旋将签名簿携去，和总司令及海牙市长，均免职，尚有他军官一人亦受处分。又有礼官一人亦被监禁。事后和兰某要人谈及此事，言一国既被占领，即不应有此举动，因而予占领者官厅以口实，俾得借以采取更严厉手段，殊为可惜云。

## (七)德外部知照撤馆　我遵照部令往住瑞士

德军占领海牙后，外交使节有事接洽，起初仍往和外部，嗣往德馆，德馆裁撤后，亦有往洽德外部驻和代表者，如上所述。六月初，德外部向陈蔗青大使口头声明：德国已于和兰派有军民长官，此后凡与和兰有关之政治或经济事务，应由驻德使馆与德外部接洽，其属地方领事性质事务，可由驻和兰使馆与派在和兰民政署之德外部代表接洽。可见其时德国虽欲干涉被占领国之外交，尚无要求撤去别国使节之意。是月廿九日，德外部照会陈大使，请求撤馆，是通函性质，译文如下：

"德外部照开：那威、和兰、比利时及卢森堡，德已全境占领，各该国法权，已入德手。且各该国前政府，业已逃离本国。其法律上之政府职务，已不能行使。在此状况下，各国派驻各该国前政府之外交代表，已失其根据。如中国政府与各该国有关政治性质之事件，可由其在柏林之外交代表，与德国外交部接洽。为此特请中国大使馆，转致其政府，将在奥斯麓、海牙、蒲鲁塞尔、卢森堡外交代表撤退，并至迟至七月十五日为止实行。再德政府暂允原在各该国及领土之领事代表，仍留原处，事实上执行其固有之职务。此致中国大使馆。"

原来第一次欧战时，我国驻法、比等国使馆，在战争期间，仍照常留驻原地点，初以为此次或可照样维持，至是德方限期请撤，惟或往柏林或往伯诺〔Berne（Bern）〕（瑞士京城）悉听便。经电部请示后，我于七月十二日接蔗青九日函转八日部电：说我"应住瑞士，对外可称候路通回国报告，王庭珊以领事名义，王思澄以副领事名义，留馆注意办理领事事务"。讵各国政府，有欲酌留馆员于海牙者，亦有在和已设领馆，而仍欲改派使馆人员为领馆人员，或欲添设领馆，而派馆长若馆员为领事者，德方均不许，故二王君留馆一层，亦办不到，只有馆长馆员全体离和，只留领事冯吉修，随习领事吴发祥，雇员夏朗东维持领馆，我即据以电复外部。又部有电嘱我作离和的准备，事实上我早有风闻，本已有所布置，故已将原馆屋退租，另租房屋暂住，可随时退租，又与冯领事吉修妥洽馆务及侨务，又与和外部原经手部员妥洽庚款事宜，并于遇有困难时，拟将留和陈、刘二生送往和印继续求学等等，部署粗定，随时可以离任。

于是我于十二日往国会上议院即第一院，与和外部诸友人话别。归途遇范洛英，立谈数语。五月间我曾与长谈，他说他相信彼等（指德人）必将退出和兰，我因语以历史循环往复丝毫不爽。按此君是和兰少年外交家，占领期间，以从事抗敌工作，被德人三次拘禁，一九四四年逃往英国，复国后，历任驻美大使，外交部长，现任驻英大使。我又偕吾妻往看贝拉此夫人，和后避英，除全体阁员俱往外，其他大员，惟贝拉此一人亦奉命而去，留其妻在本国，是日她与我们握别时，几乎失声一哭。

次日即十三日，我往看我友柯林博士。他对于和国前途，发表意见，著书印行。大致以为即使和兰恢复独立，然其前途，无论从政治方面，或经济方面着想，必将与德国国策，发生息息相关的关系。就政治言，假使大国如法国，犹当从民治政体，一变而为独裁政体，则和、比等小国，岂能独免？故柯氏主张在现今王室统治之下，组织一党的政府。就经济言，柯氏之意，以为和、德二国间，必须有密切的合作，使德国经济上之需要，得以满足。彼又主张成立两国货币的结合，在和兰本国及其属地内，马克、和盾，一样通用，如是，则德国可以自由购买原料，不遇困难。因推想德国愿意和国恢复独立，盖和印丰富资源，为德人所属意，亦惟有独立的和兰，方能保持和印，而以其资源供给德方也。柯氏之主张，大致如是，其前提则在于恢复王室。因召集各党领袖加以讨论，一致赞同，并成立九人委员会，推某省君长某省为会长，仍与秘书长团合作。柯氏之所为，虽未经德方同意，然为德方所知悉，惟和国国社党与共产党，柯氏并未邀同合作耳。柯林说完后，以该印件亲笔签名送我一册。我次年十月间到英，和政府人谈起该项主张，以其对敌妥协，如同投降一样，故对柯氏大不以为然。

又柯氏是日与我谈到和德战事，他颇怪本国防务不免疏忽，而作战亦不够出力。他又说和军仅支持五天，他起初颇觉失望，既而鉴于法国垮台如斯之速，则对于本国的感想，亦为之一变。因言他原来主张事前先与英、德二国，分别商谈防御计划，当局不见采用（已见上文），可见"和兰并无通晓世务之政治家，即如克兰芬斯者，只是一个好的事务官，其长处只在起草外交文牍而已"。柯氏又云："依照宪法，政府应设在和兰，不应迁往伦敦。故现政府诸要人，于其回国，应处以叛国之罪。"并云女王不应受责。我旋以柯氏之询问，答以我国虽在万分艰难之中，仍继续抗战，重庆迭遭敌机空袭，情状甚惨，然以山中备有坚固防空洞，可资躲避，故尚能勉支。柯氏旋提起某人，而忘其姓名，我答言是否指汪精卫？他言是的。我说此人已变成日本人了，柯氏说如同吾们的秘书长一样！（指原任和外部秘书长施拿克Snouck，其时已任"秘书长团"的职务，与德人充分合作。）再者，其时德方对于在海牙和国要人之行动及住宅，每派有特务、警察，密布侦逻，故是日我之往访柯氏，临时雇车而往，到即付钱令走，嘱勿等候，谈毕出门，步行到附近车行，另雇他车而归。当谈话时，柯氏曾起身就窗外望，说他的宅外，亦常有人巡视，此刻却无人在，因言彼已年老，固无法令其改变习惯与主张[1]。

越三日即七月十六日，各中立国使节，除日本公使及其他极少数人往柏林外，余皆率同家眷及馆员，坐"国际车"直开瑞士京城，以晨七点钟从海牙开车。车费仍由各人自付，并以该列车空车开回，故须付来回费，付款多少，不记得了。我国为

---

[1] 我历年与诸人谈话，大致皆用英文记载会晤录，亦经随时择要送呈外交部。是日我与柯林谈话，见《会晤录》第一六六号。

我夫妻及三孩又王秘书思澄共六人（袁惕、王庭珊往柏林），尚有我国法官郑天锡全家，与国际法庭诸人同行。其到站送行之人，除德外部代表白奈公使及和外部秘书长施拿克外，尚有两位前任和外长等多人。又贝拉此夫人亦来送行。尚有我领馆同事及华侨代表等等。我两儿德校同学来送行者，亦不少。汉学研究院主任戴闻达（J.J.L.Duyvendak）赶到，车已开行，我嗣在日内瓦，接其来函道歉，然我于行前从其图书馆借到周黍谷（春）《杜诗双声叠韵谱括略》一册，置诸行箧，随时翻阅，由瑞士而英伦而比京，胜利后始寄还，戴君旋下世，此为和兰有名汉学家也。是日车行，一路平安。莱因河畔，除极少数房屋桥梁被毁外，并未见有英国飞机轰炸痕迹。遂以晚十钟半即和兰钟点十一钟半到伯诺，味道候接于车站。

## （八）附录我诗几首

我当时做了感事诗七律四首，全录于左：

蕊珠宫里奏钧天，醉揽人寰点点烟。一自妖星压芒角，几回沧海变桑田。帝秦偏有新垣衍，却敌无闻鲁仲连。从散衡成叹同辙，覆车相望两千年。

瓯脱艰难即祸胎，三强逼处亦堪哀。橄枪堕地云中伞，烽火连天劫后灰。仓卒铜仙辞汉阙，流离逋客恸西台。

老臣尽复思王室，海外鸾舆几日回。

雷霆千乘蹴储胥，百万貔貅会战初。巨鹿昆阳俱逊色，长城深堑竟为墟。救亡空洒秦庭泪，定憝终降轵道车。廿载骤逢陵谷变，雄图霸迹总成虚。

积骸成莽血成泓，鬼语鹃啼夜有声。牛耳仍凭百战胜，龟符休诩大横庚。茕茕何苦遭涂炭，衮衮犹夸被宠荣。料得苍穹终厌乱，灵芝早晚报河清。


第一首借嬴秦以喻希特勒之横暴。首二句用天帝以钧天广乐飨秦穆公，帝醉而锡以金策故典，效义山体，起句用重笔。沧海桑田，遍指捷克、波兰、丹麦、那威、和、比、卢、法诸国，皆在其内。新垣衍指挪威之奎瑟林（Quisling），法国之贝当（Petain）暨其他妥协分子。其时德国尚未开始攻英，故我于英国未有所咏也。

第二首首二句言和兰位于德、英、法三国间，严守中立，即是祸胎。云中伞指跳伞部队。劫后灰指鹿埠遭空袭。铜仙汉阙，谓和后离国。逋客句空泛。老臣则指柯林博士。

第三首写法国，以巨鹿、昆阳喻德军长驱攻法之战事。先父笺孙公谓宜用外国故事及外国地名，却非易事。秦庭泪谓法总理雷诺向英、美呼吁求援，雷诺要美国对德宣战，无异申包胥之乞秦师，惟美国未允所请，故云空洒。又沛公伐秦，子婴素车白马，降于轵道旁，以借喻巩比爱尼车中受降之事。

第四首言老希必须得到最后胜利，方能称霸全欧。然而生民涂炭，痛苦不堪，乃犹以战胜光荣相夸耀。因料天心厌乱，河清可望，作为四诗结语，然究竟失之空洞渺茫矣。

二先兄通尹和作四首，同体异韵。其第三首亦指法国，有句如下："居然豪杰起泥涂，震世威名万骨枯。不待仪秦工诡辩，端因蠡种有深图。八千子弟能张楚，二十星霜竟沼吴。伐国势真如破竹，独怜鱼呴想江湖。"此诗前半首声调甚高，图字韵一联，使事而夹议论，且径用勾践灭吴雪耻故事，比我诗切实得多。

咏史之诗，最便记忆，亦最易令人领会。比如："三顾频烦天下计，两朝开济老臣心。"杜工部以此联写出诸葛亮生平志事。又如："玉玺不缘归日角，锦帆应是到天涯。"李义山以之咏隋唐兴亡之迹。诸如此类，不胜枚举。又我七世祖桧门公德瑛（乾隆元年状元），《徐州怀古诗》中，有"汉营气早成天子，垓下头终德故人"之句，亦于十四字中，将楚汉相争项蹶刘兴之史实，充分写出。此联我幼时听吾父朗诵，永永不忘。咏史诗，有如他体一样，造句要警，使事要切，用意要深，布局要密，必如是，方成诗人而兼史家之诗也。

又我有《别海牙》诗一首，句云："笼毂连辀拂晓行，锋车欲发不胜情。圆催泽国风轮转，绿忆江郊稻色明。七载终成秦逐客，丁年尚愧汉苏卿。艰危最喜高堂健，沪渎巴山念弟兄。"题曰："廿九年七月十六日别海牙，写呈家大人，兼怀敬渊伯兄、通尹仲兄、恂侯从弟。"此诗与感事诗,和者颇众。鼙鼓声中,得此解闷,亦一乐也。

（原载《传记文学》第十一卷第六期及第十二卷第一期）

# 六、大战中住英四载

## （一）从日内瓦到伦敦

我于民国二十九年即一九四〇年七月间，奉令从海牙撤馆往瑞士，到日内瓦无多日，奉外交部电，令我及和馆两秘书回部。同时得叔谟（徐次长谟）私电，谓"召回被德人占领各国使节，是委员长所决定。但除本部另电即时回国外，君尚可在外逗留几个月"。

次年一月底，叔谟又电告，伦敦和兰政府盼望我往英回任，问我意如何？复电同意。于是一面等候后令，一面电托驻葡公使李锦纶先办经过西班牙的签证。缘战中欲往英国，必须向葡京英国使馆，设法定英国飞机座位，由里斯本飞经爱尔兰而往，别无他路可通。先是，我已于一月中商请味道（驻瑞士公使胡世泽）为办西班牙签证，以便从葡国走海道绕美国回重庆。答言：我国与西班牙无外交关系，故无法办签证。至是李公使间接切商后，于四月中得到过境签证。遂于是月二十三日，偕我妻、三孩及我侄咸和，坐火车绕道法、西二国，几次换车，又几次宿店，于三十日行抵葡京。

在我离瑞士前，曾得叔谟电嘱准备赴英，及抵葡京，则又电嘱勿遽启程前往，盖以政府既决定撤馆，未便再予恢复，嗣经孔庸之先生得间婉向委员长进言，准予复馆，乃于五月底正式发电，令我"仍以驻和公使名义，往和政府驻在地，继续执行使务。并兼代驻比大使馆职务（即兼驻比代办）"。

向葡京英馆申请机位之人，为数甚众，该馆按照任务性质，分配缓急先后，颇费斟酌，亦需时日。其时郭泰祺已以驻英大使调任外长，遗缺派由顾维钧接充。顾公先已从维希行抵葡京，等候赴英机位。我到葡京后，日与晤谈。是年六月廿二日，德国对苏联宣战，咸认为战局中之重要演变。顾使先得机位，于七月二日飞往伦敦。越三日，我亦飞往。我初住城内旅馆，旋定居北距伦敦十八英里之Moor Park，办公处亦在其地。（越三年加设办公处于城内21 Cleveland Square, London，至将离英赴比前两月，乡宅退租，复暂移寓城内旅馆。）我妻女候至十一月底，始亦得机位来英，我两子赴美就学，咸和赴美就事，至此，公私事务，布置粗定，总算暂告一个段落。

先父篪孙公（兆蕃）在上海听到我奉派赴英的消息，以时值德国飞机对伦敦及英国他城市猛烈轰炸，其祸甚惨，远道传闻，尤为可怖，觉得大不放心。是年即一九四一年三月初，寄大家兄问源重庆信，言久不作诗，闻连（我的小名）将赴英，颇为忧虑，枕上得一诗云：

> 日日江干望汝归，求归无路此心违。
> 忽传使命重修饰，欲借诗篇慰式微。
> 横海正闻夸战略，出围胡复蹈危机。
> 熄灯拥被宵无寐，细听窗前雨点稀。

情急辞切，我得诗颇觉不安。大哥和诗：

> 请待天旋人自归，不愁事与愿相违。
> 百花深处邻莺脰，二月芳时入翠微。
> 原上脊令方息羽，水边鸥鹭定忘机。
> 申江此日犹为客，消息家山到亦稀。

我在日内瓦得诗之日（四月廿一日），夜睡至晨三钟半而醒，亦于枕上作诗一首，命题《大人赐诗依韵恭和》，句云：

> 殊方郁郁欲东归，定省晨昏况久违。
> 已悔稻粱计终左，深惭樽俎力常微。
> 三山缥缈疑无路，万事推迁自有机。

八月团栾欣上寿，江邨未觉梦痕稀。

家禀寄渝转沪，借以安慰。及我到英，吾父又用大家兄《歌乐山诗》韵，寄诗一首云：

> 野井今闻喑鲁稠，越疆涉海路悠悠。
> 定纵应赞平原歃，凿空仍从博望游。
> 知汝思归难得路，待天悔祸我何忧。
> 直凭望眼穷西极，却恨圜空无尽头。

稠为鲁昭公名，约在西历纪元前四百七十年，昭公失国，居于齐之乾侯，齐景公往喑于野井，今山东齐河县有野井亭，以喻和后流亡英国与我赴英使命。博望句以喻我及顾少老后先飞英也。

## （二）前后兼派五馆

第二次世界大战中，欧洲被德军占领各国，在伦敦先后设立政府，当然是流亡政府性质，是为和兰、比利时、卢森堡、那威、捷克、波兰、希腊、南斯拉夫各国，连法国称为"法国国民委员会"，是临时政府，共计九国。英国对各该国分派使节，我国照他国办法，派一人兼数馆，故我初到英时，兼和、比二馆，嗣先后加兼捷、波、那三馆，共五馆，兹为分别叙述于次。

（甲）和兰

我于一九四一年七月抵英后，即约定同月八日访晤和外长克兰芬斯。我一面请他约期觐见和后，一面请其将伊所著之《希特勒对和侵略》（*Juggernaut over Holland*）一书，签名见赠一册。他说他必然请示女王，定期接见贵使，但女王必且问起，何以贵使一年未回任？不知应如何答复？其时和外长的脸色转红，一面检书签名送我，一面说：贵使迟迟未来，当然并非贵国不承认和兰政府。我说并无此意。他接说，他听说系贵国政府受到德国政府压迫之故，此说不知确否？并言吾二人相识廿年，极盼阁下推诚相告。我答言：此说绝对不确，我之所以迟迟来英，纯系等候西班牙过境签证，盖因我国未承认佛朗哥政府，故必须经过相当手续与时日，方能取得护照签证也。（此点自是实情，然事实上复馆一层，在我国不无行政方面的周折，此乃纯系内部问题，我认为无须告知和外长。）

是月二十八日，和后接见我，和后说驻和使节逐渐俱来，引为欣慰。次年一月十三日，和后接见我妻，和后态度甚诚恳。

一九四三年，我国与英、美、苏联等国，皆将驻和使节升格。是年四月二十九日，我以新任大使入觐和后，地点为和兰驻英使馆。是日午后三钟，我率同赵惠谟、王庭珊二秘书，坐自己的汽车前往，和外部交际司长 van Wede 站在馆门候接，侍从武官 Rear-Admiral Baron de Vos van Steenwijk 亦至，先见和外长克兰芬斯，稍坐，报女王到，和外长先进见，旋驻英和使Michiels van Verduynen出请余进邻室，觐见女王致敬意，又代表林主席、蒋委员长致敬意，女王亦答敬如仪。旋招坐谈，和外长及和使亦均在座，略询蒋夫人行踪及中国抗战情形，片刻，嘱介见赵、王二秘书，略谈数语，共退出，先后约一刻钟。

我有诗纪事，句曰：

> 苍茫海水挟风飞，微服艰难事已非。
> 永忆少康能复绩，遥怜织女困支机。
> 威仪只觉朝廷小，播越惊看鬓发稀。
> 闻道金轮尚宵旰，伤心禾黍旧王畿。

此诗第三句，指十九世纪初年，和兰国王威廉第一，因拿破仑侵和，失国逃英，旋得复国，以喻和后志在光复。第四句以和公主避居加拿大，其夫培纳亲王留住英国，每年往加聚会一次，故用此故事。金轮以喻所见之人是一女王，并无以此拟彼之意，一时想不出较妥他典，姑借用之耳。大凡做诗，最好尽可能于诗句中写出所咏何人何事，设法避免注解，命题亦不宜过长。我觐见和后、那威国王及捷克总统诸篇，皆以某年月日有感为题。

### （乙）比利时

比王利沃保第三（Leopold Ⅲ）于一九四〇年五月底，向德军投降，自愿以俘虏身份留比国，故伦敦比政府，仅有比总理Hubert Pierlot，外长Spaak及他阁员数人，共同组织维持，规模颇小。我于一九四一年七月二十二日，往见斯巴克，告以奉政府派兼驻比代办，他颇为感动。谈到欧战，他认为德国与苏联开战，是希特勒一个错误。他又问及日本最近举动，答以此时将进占安南，此为其阻碍力最小之线，当然日本亦很想攻苏联，总须俟苏联在德军手中崩溃之时，而后进兵西伯利亚，但此时不会向那方向发动的。

阶平（钱泰）在战前原任驻比大使，比馆既撤，内调外交次长，一九四三年四月间，他又改任驻比大使原职，同时兼任驻那威大使，我乃交卸驻比代办。一九四四年夏间，同盟军克复法国北非洲属地，成立法国临时政府，我政府调钱君专任驻法使节，而派我兼任比、那两馆代办。我于是年八月十四日我夫妇与女儿送钱君夫妇及其女儿坐飞机往Algiers时，我为戏赠一联：

> 和馆兼比馆，比馆并和馆，兼并比和，忽焉数载；
> 前任迎后任，后任送前任，送迎前后，即此两人。

旋以我之建议，政府于是年九月十五日令我分任驻比、捷、那三国大使，同时仍任驻和大使，惟波馆因政治关系，仍是代办名义。我自己愿于战事结束后，离和他调，初颇属意于捷克，继对比国发生特别兴趣，很老实地密商外交当局，遂于三十四年即一九四五年一月二十六日，先接味道（时任外次）私电言，君调比一节，已得最高当局同意，随奉部电云："照执事意见，已定以执事专任驻比大使，继任和缺，已定董霖。"我于是日的日记，很老实地直写："遂能摆脱和兰，最为快事，调往比京，亦符私愿。"三月十九日，国府命令派我专任驻比仍兼驻那、捷各大使，并兼代波馆馆务云。

先是，我于一九四四年九月中奉派兼任驻比大使，适值比京克复，比政府已从伦敦迁回，其时比王尚播越在奥国，受德国军队监视中，故由其弟查尔亲王（Prince Charles）摄政。我遵照部电，前往比京，于是年十一月二十四日往见于王宫。其时我尚未收到国书，原定为非正式接见，我可坐自己车去，亦无须偕秘书同往，乃届时仍派侍从武官长Major Baron de Maere以国王汽车到旅馆（我暂住旅馆）相逆，有警士摩托脚踏车四辆在前后左右，任保卫之责。摄政王操英语接见，与我立谈约十分钟，多应酬话。时则盟军正在比国东部与德军激战中，德军常对比京及盎维斯埠等处放弹。是日甫至王宫，适闻警报，迫回旅馆，乃闻解警。觐见既毕，该武官送回旅馆，款以香槟酒，坐谈良久，乃去。此次往见比国摄政王，礼节虽短，意颇诚恳，我曾作七古诗一首纪事，句云：

（上略）

我今历聘五小国，播迁一例伤黍离。

就中疆土已复者，秦名译作比利时。

降王为虏逾四载，有弟摄政迟兄归。

余孽待清疮痍复，况复战血腥边陲。

都城完好战痕微，宾馆冷落人迹稀。

奉使还听皇华咏，赍书趋蹡白石墀。

无复铜驼卧荆棘，却看车骑多威仪。

（下略）

### （丙）捷克

一九四一年九月间，我又奉派兼捷克使馆馆务，先于是月八日往见捷外长马闸立克（Jan Masaryk，其父Thomas G.Masaryk是捷克开国元勋，该国第一任总统）。同月廿九日，捷总统贝乃熙（Eduard Benes）亦接见于其官舍，外长及大礼官亦在座，并摄电影，以备光复后回国放映。捷总统看法，欧战明年（一九四二年）冬宜有转机。我说打倒日本以后，民治国声望增高，应付德国亦可较易。他说德国若被打倒，于中国亦有好处。

我于派驻各国人物中，与克兰芬斯相识最久，次即贝氏，他于日内瓦国联处理中日争端，出席参加，主持正义，拥护国际机构，对我国极表同情，多方助我，故吾们私交亦甚好。向例，代办仅得见外长，元首不予接见，战中则稍通融。三年后中捷使馆升格，我奉派兼驻捷第一任大使，于一九四四年十月十一日又觐见贝总统。我预先在伦敦某大旅馆租一间房，偕内子于晨十一钟到旅馆，赵、王二秘书已先至。十一钟三刻，总统大礼官兼外交部交际司长Skalicky，偕外交部秘书兼总统府侍从Captain Glaser，以汽车二辆来迓，我坐总统汽车右位，大礼官左位，赵、王二秘书与侍从武官坐第二车，同驰往总统府，由大礼官导引，鱼贯而入。捷总统立于正中，外长马氏，立总统右，文官长Smutny及侍从武官长Colonel Spaniel立左边。我向总统一鞠躬后，读颂词，称当日本对华侵略，贵总统热心支护国际公道与国际道德，为中国全国人民所感佩。读毕，面递国书，时则国书尚未收到，先与捷外部商定以我外交部电示之英文译件抄置大信封内，封面盖有驻英大使馆印，并写"国书"两大字。我读国书毕，总统向我握手，读答词，谓中捷两国，虽远隔两地，然对于一九三一年以来，为欲消灭个人自由与国际公道而横行全世界之恶势力，共同奋斗，站在一起，因向蒋主席、蒋夫人致敬，并祝中国早日重睹太平。读毕又向我握手，我乃为介绍二秘书。总统延坐畅谈，共约半句钟，摘录于次：

方坐定时，贝总统说：下层大客厅，近为飞弹所震毁，正在修理，故移至上层小客厅接见。马外长说：可见贝博士日近上天[1]。贝总统微笑。二君从幼共事，马氏善诙谐，然此语殊欠庄重耳。

---

[1] 英文原文 "That shows Dr.Benes is getting nearer and nearer to heaven."

其时捷克之斯洛伐克（Slovakia）部分，正起兵反抗德军，故我对贝氏说：此举正合时机。贝说：伦敦捷政府会同苏联主管人员，一年前已与该处部队取得切实联系，缜密布置，军械物品，由英、美、苏三国接济，苏方供给尤多。旋讨论波兰问题，贝说：此事苏、美、英三国若有共同决定，料伦敦波政府不能不接受。对于欧战局面，贝氏看法，盟军胜利当不在远。又对于新国联安全理事会常任理事国投票权一层，贝氏说：此是难问题，苏联受了廿年孤立及排斥的痛苦经验，故对此事格外注意云。

谈话既毕，大礼官及侍从武官偕我们三人，仍分坐原车回旅馆，以香槟酒款待来宾，我妻亦加入，坐谈甚久，侍从武官以事先行，留大礼官午饭，至午后三钟乃去。此次觐见，捷方亦照有电影。同月二十四日，我与内子往拜贝总统夫人，见其朴素诚实，和蔼可亲，以捷克本国式茶点相款待，别有风味，闲谈半句钟而退。

我向捷总统呈递国书后，作诗二首：

（一）金缯定歃割河山，捭阖纷纭大国间。
　　　宁有相如解完璧，更无韩起为辞环。
　　　弭兵曩日闻高论，持节今朝揖近班。
　　　否极泰来应不远，明年春暖送公还。

（二）底事频年战血腥，得非弱国太伶仃。

连衡今赖天骄子，徂亳应同帝武丁。

浩浩狂流谁作柱，岩岩积石自成铭。

筌蹄共喻忘言意，莫说灵均只独醒。


第一首起二句，指一九三八年九月慕尼黑（明兴）协定。第二首中四句，言捷克凭苏联力量复国，可是赤色帝国主义，浩浩狂流，谁为砥柱？乃借张载《剑阁铭》以为警告。结言识此意者并不乏人。至苏联与捷克战后关系之演变，当见后段。（嗣梁龙〔云松〕继任驻捷克大使。）

### （丁）波兰

一九四二年二月我又兼管驻波兰使馆馆务，以波外长不在伦敦，故于是月十六日往见该部秘书长Morawski。四月九日，觐见波总统Wladyslaw Raczkiewicz。嗣以苏波争执，益见尖锐化，各大国均拟迁就苏联，转而承认鲁勃林（Lublin）政权，我国当然不能独异，若我国此时对伦敦波政府派使，不免刺激苏联，故我于波馆始终任代办。我于一九四四年十月二十三日晤及苏联驻荷兰等国大使Victor z.Lebedev时，他以我驻荷、那、捷、比四国，兼任大使，独于波兰为代办，颇喜形于色；当然波外部方面，屡次对我表示，愿我同时发表为驻波大使也。苏、波问题亦见后段。

### （戊）那威

一九四四年夏间，阶平离伦敦赴北非后，我于那威馆，暂

时兼任代办，嗣亦改升大使。九月二十九日入觐那王Haakon
Ⅶ（郝庚第七）。初以国书未到，那外部交际司长Bentzon提议
呈递空信封，旋以府令发表，乃先以府令英文译件呈递，俟国
书到后补送。我先于伦敦某大旅馆定房一间，是日晨偕内子进
城，十一点那外部秘书Hambro以车来逛，在那威驻英使馆接
见，时十一点半，入室握手，那王延坐闲谈，仅他与我二人，不
拘礼节。那王是年七十二岁，望若五六十岁人，精神饱满，我先
已于酬应场中，晤见几次，某次，他对我说："那威与苏联邦交
甚好，那威共党并无势力，那威本已实行社会主义，并无推行
共产主义的必要，然若必欲推行，我亦不反对，可是那威人富
于宪政精神，倘欲实行共产制度，必须经过宪法程序方可。"
是日坐定，我以该英文译件面递，那王笑言："到底阁下有东
西给我的。"其时适值日本军队侵黔、桂等省，有直窥陪都模
样，形势吃紧，那王询问最近情形，我为简单答复，不及十分钟
礼毕告退。仍由该秘书送回旅馆，坐谈良久，饮酒一杯而去。

我有诗一首纪事，句曰：


天高气爽入清秋，更为齐侯问鲁稠。
桂岭颓云烦远虑，松峦踏雪忆宸游。
山河国破堪同叹，的博州雄好共收。
难得王年七十二，依然筋力惯登楼。

滑雪为该国全国性的运动,国王亦去练习,第四句指此。

一九四五年五月欧战结束,我先派高秘书士铭赴那京奥斯洛(Oslo)走一趟,与那外部取得联络,嗣由邵挺充该馆代办。次年六月间,我与我妻亦往那京一行。是月二十二日我入觐那王。原来此段经过,不属本篇范围,兹仍接连简叙于此,省得他篇另题重写。我此次往见那王,纯属聘访性质。那王为人直爽,谈话诚恳,吾们谈到中、那两国国情,我说国内情形复杂,消息不佳。那王说:那威现内阁富于常识,堪任艰巨。讲到社会情形,则谓那威人积钱太多,生活奢侈,人民太喜喝酒,又小孩们以前两星期看一次电影,现则一星期看三次,未免太多了。又说他最怕的是人民失业与通货膨胀,为社会不安定之主要因素。又说中国地大人多,问题当然百倍繁复,那威问题,比较的成为小孩子们的游戏矣。谈约十分钟而退。

我外部旋派雷孝敏为代办,我以那政府希望我国派专任大使,曾将此意达到外部,但此后是否另派大使,我现在记不清楚,亦尚未查考。一九五七年间,我在纽约闻那王去世,为撰五排挽诗十八韵,兹节录几句于下:"(上略)开基众同戴,析土两无争。(中略)扰攘追亡鹿,仓皇附骇鲸。五年经播越,一柱尚峥嵘。唐主迎奴愿,秦甥送舅情。收京凭与国,复辟慰虮虱。昔我兼三节,曾来拜九闳。如闻申酒诰,所念在苍生。(下略)"一九〇五年,瑞典、那威分为二国,那王原是丹麦亲王,经那威国会推选为那威国王。一九四〇年德人占领那威,那王移驻英伦，五年归国复位。唐主秦甥二句，则以唐昭宗乾宁三年（西历八百九十六年），李茂贞犯阙，帝次华州，填《菩萨蛮》词，有"何处是英雄，迎奴归故宫"之句，故曰"唐主迎奴愿"。又那王是英王爱德华第七之婿，乔治第六之姑丈，而秦康公是晋文公之甥，文公归国，康公送至渭阳，故曰"秦甥送舅情"。昔我四句，指我入觐那王事也。

这里我尚欲加叙小小一桩趣事：约在一九四一年十月、十一月间，郭泰祺外长，主张减少和馆经费，次长钱泰说：该馆经费本少，兼馆兼差，均不另添经费，且金使为全馆馆员眷属子女特保战险保险费，亦不另请拨款，何况上年撤馆后，公费薪津，先后停发，金某私垫，亦非少数，故似可不必减费。然郭仍主减，尚未实行，而郭免职，因得免减。此事经过，阶平来英见告，我始得知。

我于办理馆务外，偶有临时性的兼差。如劳工会议一九四二年四月间伦敦开会，以我国常任理事李平衡住在纽约未能来英，故由我代为出席。又战罪问题委员会，政府本派顾维钧为代表，一九四四年八月间，顾氏往美出席Dumbarton Oaks会议，亦由我暂代出席该委员会。又太平洋战事发生后，在华盛顿、伦敦二处，设立太平洋军事会议（Pacific War Council），华京由罗斯福主持，伦敦由邱吉尔主持，其宗旨在检讨对日战略，调整美国与同盟国间之主张与政策，以利战事之进展。伦敦方面，一九四二年二月十日开第一次会，邱氏主席，荷兰、澳洲、纽西兰、印度、缅甸，均有代表出席，而无中国。同月二十四日开会，我国亦被邀参加，政府派由顾使出席。是年十月间，顾使回渝述职，故是月二十一日第十三次唐宁街十号之会，亦由我代为出席。

## （三）一九四二年十月廿一日伦敦太平洋会议

其时东西战局，德、日二国，正当得势，最后局面，如何发展，尚在不可知之数。日本在南洋方面以及西部太平洋各处，横行无阻。所幸中途岛（Midway Island）之役，美国海军告捷，局势稍见转机。但在我国方面，自缅甸被敌军占领以来，我国对外运输线断，情形危急。印度洋前途，亦甚茫茫。西欧则早成了希特勒的天下，一九四一年六月，德、苏战事起后，德军一度进逼莫斯科，异常危险，俄军拼死抵抗，继之以反攻，旋值严冬，德军退回原线，次年双方相持，互有胜败，正在史达林格拉特（Stalingrad）作殊死战中。北非洲一带，英、德、义三国军队，初亦互有胜败，旋英军在El Alamein得胜前驱，局势渐定。同时艾森豪将军（Dwight D.Eisenhower）正率领大批军舰军队，准备在北非登陆中。第十三次太平洋军事会议开会时，各区海陆阵线情形，大致如是。

此次开会，先一日午后，我得驻英大使馆转到英外部通知后，乃先约唐保黄、周应聪二武官一谈，我先写出几条，嗣更当面询问，粗知大概，但并无国内最近战报。我遂于是日晚六点钟准时一人前往参加，除尚有一二人未到外，余人均已就座（共二十人）。主席邱吉尔口衔雪茄烟，见余至，起为我介绍与南非洲首相施墨褚上将（Jan Christian Smuts），施与我握手时，言中国是伟大之邦，我乃举手致敬，他亦还敬。我与诸人一一握手毕，乃就坐。此次之会，主要的是欢迎施氏。施祖籍荷兰，生于南非洲，意志坚强，当代一政治家。十九世纪末年，英国与南非作战，施领兵抗英，称为名将，战后他努力调和英国与该国关系，建设南非联邦。巴黎和会开会，他参加起草旧《国联宪章》。至是，他热心支护英国抗德，参预机密，为邱氏好友，而为此次会议特约出席之上宾。

邱吉尔首先发言，向施氏致敬，次根据荷政府所送说帖，言荷属东印度尚有几处，现仍继续抗日，旋将太平洋西南部及印度洋战局，摘要报告，特强调于非洲东岸法属马达加斯加岛（Madagascar）之被英军占领（一九四二年五月四日），谓可免被日本占领，亦借以加强印度防务。讲到中国与缅甸时，说他时常关怀中国，谓缅甸必须夺回，滇缅路必须恢复交通，至反攻缅甸如何准备一层，仅微露史迪威（Stilwell）正在印度密洽中。而蒋委员长空运派兵二三万人到印之提案，则谓亦必予实现云云。邱结论，仍表示须先战胜德国。

施氏言：好望角现为印度洋及西南太平洋之锁钥。并谓日本只要一次遭受大打击，即将一败涂地。预料德国战败后，过一二年即可解决日本，此时正不必与之苦争尺寸之地。

邱氏每见有新手到会，必设法令其尽量发言，借以取得对人的认识。故我是日先后发言三次，起初答其所询，说顾博士已安抵重庆，并以英方一路照料，为致谢意。嗣说几句欢迎施将军的话，同时提及当年起草旧《国联宪章》，顾使与他有同事之雅。

我说毕，邱氏接问："金君尚有他项欲说否？"

我因将我国最近抗战消息，作一简单报告。我说：我国战区，若与他处比较，似乎沉寂些。对于滇缅边区，我国部队在该处一带，近来相当活动。盟军飞机亦时往敌军占领地点轰炸。他日配合起来，可能是收回缅甸之先声。若说中国本部，各省均有游击队活动，华北尤然，据日方新闻社最近报导，日本在占领区的交通线，被游击队攻击五百八十二次。至在浙江、江西两省相持之战争，则为近来主要战事。缘自本年四月十八日（Lt.Col.）James Doolittle的飞机轰炸东京及他城后，日本骇惧之余，对于我国备有机场之城市，皆欲夺取，以冀消除威胁，因此在各该省又发生战事，日军初颇得手，南昌敌军，亦向东南开发，几乎与浙省敌军，联在一起。我军奋战结果，至八月二十日左右，失守各城，连温州、衢县在内，皆已夺回，惟金华（浙江临时省城）（其时有英国参谋长某君查阅地图，忘其名姓）则尚在敌人手中，希望盟国相助，亦得夺回。（当然我明知盟国无法相助，姑作此语，以观邱吉尔之反应如何。）

邱说吾们当尽力相助，我称谢。邱接问日人在中国占领区统治范围若何？答以最近调查，我国一千五百县，归我国实力统治者,百分之六十一,其归日本统治者,只百分之十而已。邱问其余是否有疑问?答称是。邱又说日本实力所及,在险要地点及铁路线,此外只是名义上的统治而已。

邱氏向印度代表Mudaliar说:"君也是第一次参加此会,请说几句话。"印度代表说:印度虽内部困难重重,而参战准备,有增无减。中国艰苦备尝,印度最表同情。(我向他称谢。)他又说:将来对日反攻,中国地位异常重要。

其余诸人,皆应主席之请,次第表示欢迎施将军。说毕之后,邱氏说在远东及太平洋方面,他总是盼望美国居领导地位。澳大利亚代表Bruce说:施墨褚将军所说不必与日本争地,他不能赞成。若必待德国战败,而后解决日本,则于澳大利亚与中国、荷兰不利。于是施氏答称各战区均应作反攻准备。邱氏亦说吾们均当尽职而散,时正七钟。

太平洋会议,极端秘密,开会时例不记录。我于会后补记,现在据以写此一段,以我出席该会,只此一次,未免言之过长,殊觉歉然。

## (四)日美谈判吃紧关头　日本袭击珍珠港

一九四〇年及一九四一年间,日本利用欧战机会,以华南为根据地,向南洋节节南进,然尚思避免与美国一战,故其首相近卫派前任外相野村大使〔Adm.Kichisaburo Nomura,随

六、大战中住英四载　　**199**

后又加派来栖（Saburo Kurusu）帮同谈判。来栖曾任驻德大使，一九四〇年九月二十七日，签德、日、义三国盟约〕与美国务卿赫尔举行谈判，自一九四一年四月间起，以至于珍珠港之变，历时八个月，凡四五十次。日本当然希图不战而完成其独霸东亚的大计画。美国方面，亦未始不欲借坛坫周旋，以争取充实国防与造成舆论之时间，故先提出各项原则，作为谈判基础。正谈判间，日本军队于是年七月下旬，占领法属安南全部，因而我国暨英、美、荷在南洋诸地域，俱益感受严重威胁。美政府于是采取较为强硬态度，开始对日增加经济压迫，严格限制对日贸易，并冻结在美国的日本资产。英、荷相继仿办。荷印亦停止对日售油，此则我历年来对荷之主要交涉，以前毫无结果，今始幸得实现。

此际我要补充几句：我到英回任后第一次访晤荷外长时（一九四一年七月八日），重提荷印对日输油问题，说日本正在南洋集中战舰，野心勃勃，假使一旦满装美国供给的油，派舰来攻菲律滨，岂非悲惨得很！荷外长闻言，默默无语，旋说荷印所输的油，是生油而非飞机用油。越三星期，以远东时局益见恶化，荷国随美国政策之转硬，亦开始禁油输日。我又往见荷外长（同月廿九日），得其详告新办法内容，则以日政府先实行限制出口货，影响荷印经济，故荷印亦须采取限制办法，我乃说："然则其理由是经济而非政治的。"克君答言："他们要这样说呢！"犹忆三年前，我在海牙与其前任外长巴丹交涉禁售石油事,巴丹亦一度拟以日本不履行日荷商约规定为理由而未果,今仍以经济上理由为出发点,可见此乃该国一贯的作风也。(《从巴黎和会到国联》一六三及一六四各页)

自试行对日经济制裁后,日本颇受不利影响,顿生恐慌,但仍与美国继续谈判。原来美国本要求公同承认安南为中立区域,将该处日军撤退,日人不允。然日本一面秘密准备作战,一面向美(八月六日)提议日本可担保不向东南亚进展,为美国须拉拢我国与日本直接谈判,俟"支那事件"解决后(此即消灭自由中国之意),日军从安南撤退,但美国须先恢复对日贸易,并帮助日本获得各种需要原料。这种要求,美国不能接受。日本乃提议日首相近卫与罗斯福从早择定地点会谈。美国对此议虽未拒绝,然以议定双方可接受的谈判基础为先决条件。

正僵持间,日方作先订临时办法(modus vivendi)之提议,是为是年十一月二十日。是日,日本说:可先从安南南部撤兵,俟中国、太平洋等问题解决后全撤,但以美国及英、荷等国先取消经济限制为条件,此为日本最后书面表示。我于是月二十六日(星期三)往访荷外长克兰芬斯,探听消息,所得要点,节录于次:

克:赫尔曾于星期六(十一月二十二日)及星期一(二十四日),两次约见荷兰公使Alexander Loudon及中国大使(胡适),告知日美谈判情形,想伦敦中国大使馆,必已得到消息矣。

金:我顷从我乡居直接来和外部,今日尚未晤见顾博士。因问最近消息若何？

克：赫尔对英、荷、中、澳四使说：美国拟向日使提对案，要求日军撤退安南南部，仍准北部留日军二万五千人，美国军界估计，此二万五千人之数，不致对缅甸路发生威胁。但要日本保证不向西南与东北两方向扩展侵略。

金：东北是否指云南？

克：东北指西伯利亚，西南指暹罗及荷属东印度。

金：对于日本所称"支那事件"，有无提议？

克：并未提及中国。（作者注：该案美国对中日直接谈判一层，表示不反对。）

金：我国向来信任美国，料美国不致背弃中国。因问日本是否担任退出三国轴心同盟？

克：此点亦未提及。又云，美国担任将对日经济上之压迫，局部放松，可是所列日美进出口货品，为数甚多，石油亦在其列，此虽限于民间需要，"可是谁去调查呢！"又云，此项办法，以三个月为期，此后须根据法律、秩序、公道，及以和平手段解决国际纷争诸原则，另商永久办法，然日本解释各该原则，与别国不同，实不得视为有效的保障。又云，我今晨电荷使，嘱其请赫尔于应付日使时，须至少给以一种印象，让其明了民治各国是团结一致的。我盼望驻美中国大使，同样进行。

金：当照电重庆我政府。

克：赫尔对付日使，过于天真。日使所说日在国内舆论愤激爆发可虞等话,美国所得印象甚深。

金:日美间,是否不久即可成立协定?

克:此尚难说。总之,就美国舆论言,日本的威胁存在,即可激起对欧的注意,一旦日美协定成立,必致对欧情绪,随以冷淡,此则最为不幸,可能美国尚未准备作战耳。

金:今日承君告知许多消息,甚感。我若有所闻,亦当相告,以便彼此更加切实合作。


荷外长亦称谢。

我从荷外部出来,即去报告顾大使。他说赫尔太老了(时年七十岁),叹其对日谈判不能胜任。我说所得各项消息,不妨由他(顾使)与我联名电告外交部,他说不必,乃仍由我一人电部。及今回忆,觉得外交部对驻外主要各使馆,以及各有关系使馆间,极宜多通消息,增加联系。当时我听了克君所说我国驻英使馆必已得到消息的话,觉得颇窘。事实上顾氏迭次电询胡氏,往往复电不得要领。则请更举此次我与荷外长的会晤以为例,当晤谈时,荷外长种种说法,似并不赞成美国所拟的对案,后来我知道驻美荷使已遵照其政府训令,向赫尔表示荷政府愿意支持美案,假令这个消息,我先从驻美使馆得到,我了会晤荷外长时,可能要加几句问话也。

我政府对于安南北部仍驻日军,及放松对日经济限制各端,皆竭力反对,而于搁置我国问题,当然尤滋疑虑,尽量作反对宣传。时宋子文氏因公在美，亦径往晤见美国当局，并多方拉拢国会议员暨新闻界，称此项办法，不啻是"远东的慕尼黑"，与美国、中国及其他民治国前途皆有损害。同时邱吉尔亦言临时办法，如果实行，可能消灭中国抗日力量，增加英、美两国危险，故亦表示异议。美国遂决定取消该项临时办法案。赫尔于同月二十六日，接见日本两大使时，仅提出十条具体案，根本不提起临时办法。其时美国对于日本机要密电，业已查破电码，能于中途截译，故早知日本内部决定作战，并且限期谈判结束，初定是月二十五日，嗣展至二十九日为止。此外更以气候报告，指示发动方向。该十条具体案，虽写明是试拟的并且双方均不受拘束的，而确是摊牌性质，原与临时办法对案同时拟定，初意以之作为具体案的绪言，然并未以具体案同时告知四国使节，致惹起许多反感。至是，赫尔以具体案十条，面交野村、来栖两使，关于我国的主要两点，为（一）日本政府撤退其所有驻在中国与安南之陆海空军及警察，又（二）除暂时建都重庆之中华民国国民政府外，其他在中国之任何政府或政权，美政府及日政府，均不予以军事上、政治上、经济上之支持。该两点，可称为抓住远东问题之要点，确是一种根本解决办法，直至日本战败，始得实现。此际所应强调者：该十条具体案的原起草人，为美财部职员Harry D.White，此人热心支护共产主义，是年十一月初到中旬他所拟说帖，如一方面要求日本从中国及安南全部撤兵，而他方面主张美国以巨款贷与日本，刚柔相济，威惠兼施，假使日本接受，则可希冀保全太平洋和平，美国得以全力助英对德作战，反之，假使日本拒绝而对美开衅，则可以牵制日人，使无暇北攻西伯利亚，兼以造成美国参加欧战机会。揣其用意，纯为苏联利益着想的。至于美国趁对日作战而从"后门"参加欧战之说，似非完全准确。盖当时德国方面，颇有人谓三国轴心同盟国之一国，若使自己对美启衅，则他二国并无一致宣战义务。固然老希后来临时决定对美宣战，然当美国向日本提出十条案时，却尚无此项决定。故有人说美国忽而采取对日最强硬态度，放弃临时办法，专提具体案，而以明知日本必然拒绝之条款提出，大半由于我国竭力宣传，及英国从旁推动所激成，此说似不无见地。

袭击珍珠港之计画，是日本太平洋舰队总司令山本上将（Admiral Isoroku Yamamoto，一九四三年，他所乘飞机击沉南太平洋毙命）的主意。山本对于其本国之对美政策，颇多异议，且原属日本军人反战派之一，然并非反对本国称霸东亚，亦知难免出于一战，故主张须先消灭珍珠港美舰，然后无后顾之忧。计画既定，遂于十一月二十二日左右，在千岛偏僻海港，集中舰队，计有航空母舰六只，连同战斗舰巡洋舰等，共三十三只，定于十二月七日（星期日）轰击珍珠港。当是月二十六日赫尔在美京接见野村、来栖之日，正该舰队由南云司令（Nagumo）率领秘密出发东驶之时，一路无人发觉，在北纬阴沉沉风涛烟雾里，开到北距珍珠港约二百七十五英里地点停住。其日美国海军部情报处报告，尚说该航空母舰等船只，皆在日本本国领海内。既而大队轰炸机，由战斗机护送之下，望南启飞，共约三百六十架，亦如入无人之境。遂于是日晨七钟五十五分（十二月七日夏威夷钟点即华盛顿下午一点廿五分），开始投弹，约有两个钟头。当时停泊在港美国主力舰八只，击沉四只，损坏又四只，连同其他船只，共炸沉或重大损坏十八只。又炸毁美机一百八十八架，死伤美人三千六百余人。十钟时，敌机飞退。日人此举目标，专在消灭美舰美机，故珍珠港本身，未曾炸毁，而美国航空母舰，适已离港他去，故亦免同遭此祸，犹以为不幸中之大幸。

事后美政府追究责任，先将两位主管军官Admiral Husband E.Kimmel and Lt.Gen Walter C.Short免职，旋即进行调查，初认为该二人应负"溺职"责任。嗣由国会两院合组委员会，自一九四五年十一月间起，经半年余公开调查，于次年七月间发表报告，分订二十九册，认为该两位军官虽经政府主管机关，迭次警告，并未布置必要防备，可见"判断错误"，自应负责。同时以陆、海二部主管机关，未能将截译日方密电，详细分析，立刻通知太平洋区域司令长官，亦应负责。又该报告固然称总统、国务卿及陆、海二部长"办事卓越，有才能，有先见""with distinction, ability and foresight"，但亦间接表示，罗斯福以总司令资格，史汀生（Henry L.Stimson）与诺克思（Frank Knox）以陆、海军部长资格，亦皆有其应负之责任也。事实上，日政府电令日使，须于是日（七日）下午一钟以最后通牒送给美国务卿，当然不说何处开衅，但已明了此是开衅钟点，美政府先截得此电后，又急电各地司令长官，可惜夏威夷接电已在日人轰击后矣。

原来是年（一九四一年）一月间，美国驻日大使格罗（Joseph C.Grew），以驻日本的秘鲁公使相告，说他听到各处（包括日本方面）消息，谓日本军界计画，一旦美日间发生困难时，要突然猛攻珍珠港，故发电报告国务院。赫尔得电，当即抄转陆、海二部。

嗣后双方谈判吃紧，并探知大批日舰从安南向暹罗海湾开驶，而太平洋他处，亦有日舰发动。故罗斯福于十一月二十六日，电告菲律滨美国行政长官，称日方显见准备扩大侵略，至其进攻何处与军力多少，此时尚难明了。进攻地点，可能是缅甸公路，也可能是暹罗，或马来半岛，或荷印，或菲律滨等处，而暹罗最为可能。并言日本扩大侵略时，美日二国间，可能发生武力冲突云。盖其时一般推测，日军可能在Kra Isthmus（克拉地峡，暹罗与马来半岛间）登岸，一般人皆注意南洋方面。固然日本确向香港、马来亚、菲律滨及太平洋美属数岛，同时发动，但日人之袭击珍珠港，则完全出于意料之外。事后（十二月十一日），荷外长对我说：他最近到过夏威夷两次，觉得彼处美国海陆军官，对于自己兵力，未免过于自信，且当时局极端紧张时候，荷印方面，早已派飞机随时升空巡逻，乃夏威夷海面，竟并此勿办，实所不解。至日人之袭击珍珠港，严守秘密，不但为全世界所惊诧，即野村、来栖二人，亦于十二月七日从美国务院面递谈判决裂之照会回馆后，始得知此骇人听闻之消息云。

我所住乡间Moor Park，本国友人住在彼处者五六家，每逢周末，往还颇密。是日（十二月七日）为星期日，我偕我妻女赴赵惠谟、何思可二君夫妇之约，在其寓吃晚饭，饭毕，闻顾大使亦来乡，在李德熻夫妇寓晚饭，因即偕往。顾使略有不适，登楼稍稍休息，旋下楼与吾们闲谈。夜半，郭秉文先回其城寓，传来电话，谓无线电报告，日本已对美国开衅，檀香山、菲律滨等处，均被轰炸甚烈。吾们将信将疑，顾使对李夫人说："郭博士得无开玩笑否？"又邱吉尔于是晚亦从无线电中，听到这个消息后，他于其大著中，自言他本人当时"并没有得到直接印象"。旋其美友Averell Harriman（是晚适在邱宅）又提及该消息，而邱君男仆，适从外边进来，说他亦听到了，"是确的"，邱乃与罗斯福通电话证实。可见这个消息，万分离奇，即邱吉尔、顾维钧等，当时亦不遽信为真也。

民治国家对外作战，须以本国舆论为后盾。美国宪法，规定宣战权属于国会，总统尤感束缚。其时罗斯福鉴于德日诸国之横暴，为全世界除害计，亦为美国自身长期利益计，早料迟早难免出于一战。然是时（一九四一年）美国国会内，孤立派势力仍甚盛，适《兵役法》是年到期，政府提请延长，经长时期辩论后，在众议院仅以一票多数通过（二百零三票对二百零二票），时为是年八月，距日军占领安南，约后三星期。即此一例，可见总统应付国会之困难，有非一般人所能想象者。

是以必须在某种局势之下，让理想中的敌人，有先发制人的作战行为，然后名正言顺，出而应战，得国会舆论的一致拥护，始无问题。初时英荷等国，深恐日本对各该国南洋属地寻衅，仍避免与美国发生冲突，则仍难望美国国会宣战。忽有珍珠港之变，邱吉尔很天真地对罗斯福说："如此，一切都简单化了！"克兰芬斯亦对我说："珍珠港是一个好消息。"吾国朝野，闻讯兴奋，认为美国参战，不啻派遣百万雄师来华相助。次日即八日顾使报纸发表宣言，称"日本对英美宣战，是自取灭亡之祸"。吾观一国穷兵黩武，横行过度，往往自趋死路，一子失算，全盘错误，前车覆辙，而后人并不觉悟，远之如拿破仑之进攻莫斯科，近之如希特勒之突攻苏联，日本之袭击珍珠港，皆是显著的例子。于是日本、德、义三国与美国间，先后相互宣战，英、荷亦对日宣战，十二月九日，我国对日、德、义三国宣战。

犹记得一九四〇年五月间，法国局势岌岌可危之际，法总理雷诺（Paul Reynaud）吁请美国对德宣战，美国不允。次年罗斯福与邱吉尔大西洋军舰会谈，邱氏亦请宣战，罗答言："我若向国会提出宣战案，可能国会要辩论三个月。"又说："我可能永不宣战，但我可能做成战事。"[1]此言值得反复玩

---

① 此二句英文原文 "I may never declare war; I may make war."

味也。

# （五）战中我国国际地位提高

自芦沟桥事变爆发以来，我国在蒋公坚毅领导之下，全国人民，一致抗日，虽迭经敌人威胁利诱，而我国坚定不挠，备尝艰苦，百折不回，故早已博得国际间钦佩。迨珍珠港之变，日本以青天霹雳战略，一举而对美国太平洋地位，予以空前打击，同时横行侵略，数阅月间，香港、新加坡、和属东印度、美属菲律滨等地，次第为日人所占领，破竹之势，所向无敌，当年我诗"南溟屡报降幡起，雄剑中宵意不平"之句，盖以纪实而致慨。于是欧美各国，鉴于己国军队败降之急速，益叹中华民族敌忾之艰贞，对于我领袖，尤深崇拜，我国国际地位，顿见增高。就我个人言，在此六七年间，是我服务外交界精神上最痛快时代，辄就当时见闻所及，略记数则于后。

珍珠港事变之次日，即一九四一年十二月八日，邱吉尔致电蒋委员长，称英、美二国，一向是中国之友邦，现在吾们正面临一个共同敌人。越四日，以新加坡英国大军舰二只，被日机击沉，邱氏出席国会报告，说英、美、俄国、中国，皆为生存而奋斗，称四国为"实行作战的四大民族"。以后邱氏每次广扩演讲，提起盟国领袖，必将罗斯福、史达林、蒋介石三大名，同时并称。英语"委员长"，是generalissimo（即总司令），此字较长，邱氏说时，往往稍有停顿，而出以重音，以示郑重不苟。后来美国普遍用Gissimo称呼，则与罗总统之称为FDR，与史达林之称为Uncle Joe，俱以表示爱戴之意。其时邱氏深恐美国以全力应付日本，而认欧洲战局为次要，故亟往美与罗斯福商定战略军火欧占优先之基本政策。是年十二月二十六日，邱氏被邀请出席美国国会两院联席会议，作一有力量的演讲，提起中国，听众大为欢呼。邱氏返回英国后，谓此行所得印象，一言以蔽之，曰"中国"。然他却倚老卖老地说："罗斯福认中国作战力量，如同英、俄二国一样，未免估量太高了！"

（见Churchill, *The Hinge of Fate*, pp.133-4）

我国与和兰成为同盟国后，无多日，和外长请我到和外部，谓奉女王命，向林主席致敬，祝颂中国胜利。我发电转呈后，奉林主席复电，向和后致谢，并祝公同胜利，我亦遵转和外部。

一九四一年八月间，罗斯福、邱吉尔大西洋军舰会谈，邱氏运用其政治、外交手腕，使名义上尚是中立之美国，竟与交战国一方，签订联合宣言，规定战后为世界利益打算，应采取之政治上、经济上共同国策，计列举原则八条，其第六条称"俟纳粹虐政最后消灭之后，他们（指罗、邱二人）希望建设和平，使世界各国，在其领域内，皆得安全立国，并保证各地人民，皆得享受自由生活，既无恐惧，亦无匮乏"。美国以欧战中立国，而欲消灭德之纳粹虐政，是虽无宣战之名，实际上已踏进参战阶段。迨美国正式参战之后,遂于次年一月一日,在华盛顿成立《联合国联合宣言》,除重申该项《大西洋宣言》外,复规定两条:(一)各交战国约定军事上、经济上充分动员,对敌作战;又(二)签约国间约定相互合作,并约定不与敌人单独停战媾和。其时宋子文新任外长,尚在美京,乃于是日与罗斯福、邱吉尔、李脱维诺夫(苏联驻美大使)同时签字。余廿二国代表(并无法国在内),则于次日在美国务院次第补签,是为美、英、苏、中《四国宣言》,我国在四大国之地位,于以奠定。

欧洲被占九国,即比利时、自由法国、希腊、卢森堡、和兰、那威、捷克、波兰、南斯拉夫九国,以德国及其与国,在各该国占领区内,残害平民,横行无道,公同拟有宣言,斥责此种行为,俟战后查明负责人员依法惩处,于一九四二年一月十三日在伦敦圣詹姆斯宫(St.James Palace)开会,举行签字仪式。我及英外长艾顿,美国驻占领国大使Drexel Biddle,又苏联大使Bogomolov,均应邀列席,同坐一排,九国代表,坐在对面,此外加拿大、澳洲、纽西兰、南非、印度,亦各派员旁听。是日上午十一钟三刻开会,先由英外长致欢迎辞,由波兰总理General Sikorski主席,九国代表,连同法国之戴高乐(Charles de Gaulle)在内,相继发言,说毕,次第签字,一个钟头散会。同日,我函送该会议我国宣言①,大致赞成《九国宣

---

① 英文原文见Keesing's Contemporary Archives(1940–1943),p.4979.

言》之原则，声明我政府立场，认为对于日本在我国沦陷区内之暴行，特别指出对于平民之大屠杀，文化教育机构之故意毁坏，以及用麻醉毒品败坏民族道德等项，谓日方犯有此种行为的负责人员，他日亦应依法惩处云云。该两宣言同日发表，为战中讨论战罪问题暨战后惩办战罪犯之滥觞。是日，戴高乐将军与诸小国代表，坐在一排，散会后与我匆匆握手寒暄几句，初不料其今日倚老卖老，忽视两次欧战美国参战与战后接济劳绩，亦不顾世界大局前途，而专与美、英二国，遇事捣乱，至于此极也。

一九四三年一月十一日，我国与英、美二国，分别签订同样内容的新约，英约在重庆签字，美约在华盛顿签字。两约取消各该国在华治外法权及其他一切特权，取消《辛丑和约》，归还各埠租界，此后缔约国间一切有关事项，概须依据国际公法与惯例，并以平等相互为基础，予以处理。至此而我国一百年来所受条约上之束缚，概得解除。中山先生废除不平等条约之抱负，获偿厥愿，而我政府当局，自巴黎和会以来所为之种种努力，亦庆告成。自时厥后，我国成了一个享有充分主权的国家。其他各国，亦次第与我国订立相同条约。我所经手的《中和新约》，其谈判经过情形，当于后篇摘叙之。

一九四三年十月三十日，美、英、苏三外长（美赫尔，英艾顿，苏莫洛托夫Molotov）与我国驻苏联大使傅秉常，在莫斯科共同签订宣言，准备战后设立国际机构，以维护世界和平与安全，我国在联合国安全理事会常任理事国之地位，于以确定。然此事颇经过些困难，缘罗斯福与赫尔的看法，中国虽然军事力量，较逊于三国，但人口众多，实为各国之冠，将来全国统一，其潜伏的力量，必有可观，日本战败之后，中国必为亚洲的主要国，故主张须列中国为常任理事国。然英、苏二国于此，均各表示怀疑。英人守旧，对于我国，每有一种牢不可破的成见，即号称脑筋较新之艾顿，亦复难免，缘他于是年三月间到美拜访罗斯福，谈起中国地位问题，艾说：中国是否内部安定，能担任重要国际任务，尚属疑问。并说："恐中国于战事结束后要发生一次革命呢！"[①]迨是年莫斯科三外长会议，赫尔提出《四国宣言草案》，莫洛托夫以中国对于欧洲问题，并无利害关系，谓为不应列入，经赫尔多方解说后，彼始勉强同意。最后又以中国大使未必能及时接到重庆训令授权签字为辞，仍欲设法将我国临时摈斥，所幸我政府赶发电令，傅大使准时参预签字，苏外长之狡计，始不得逞[②]。艾顿以重视美国意旨，亦不再持异议。此事经过，大致如是。

一九四三年十一月间，罗斯福、蒋介石、邱吉尔三巨头开罗会议，于是月廿五日闭幕，议定宣言，声明三大盟国进行对日战争，必达到日本无条件投降而后已。其关于我国作战目标，则声明所有日本窃夺之中国一切土地，如满洲、台湾、澎

---

① Alan Campbell-Johnson's Eden: *The Making of a Statesman*, p.203; Eden: *The Reckoning*, P.437.

② *Hull's Memoirs*, Vol.Ⅱ, PP.1256-7, 1281-2, 1299, 1301-2, 1306-7.

湖，均应由中华民国恢复之。又日本因贪欲或武力所占取之土地，亦应予剔除各等语。此举在我国，解决数十年来之中日争执，收复失地，洗涤国耻，重振国威，是我国历史上最光荣的一页。一星期后，我及我国驻英大使馆同人闻讯，异常兴奋，适我在乡寓，约荷政府中人午饭，某荷友说起在三国会议进行中，并无何国与荷方接洽，直至报纸发表前一日，英外部始派人通知，并询荷方看法如何，当然答以赞成云。然开罗有一件最不愉快，即南北缅水陆夹攻计划一案，此案业经定议，散会后，罗、邱二人，紧接同赴德黑兰会议，罗氏听了邱氏之言，竟致翻异取消。梁和钧所谓"缅甸作战计画，中、英、美三国战略，最见纷歧，一面构成英、美对我之背约，一面酿出罗、蒋冲突之开端"，甚为可惜。此事经过详情，可参阅梁君所撰《开罗会议与中国》第七十至八十一页（一九六二年台北亚洲出版社发行）。至《邱吉尔回忆录》内，关于该案，他有他的说法（Churchill, *Closing the Ring*, P.328）。又邱氏在开罗晤见蒋委员长及蒋夫人，所得印象甚深，在罗总统别墅院中三巨头及蒋夫人所拍照片，邱氏始终珍藏。

我于民国三十四年即一九四五年八月一日到比京，就任之初，便遇有一桩最愉快的职务。缘比京自由大学（L'Université Libre de Bruxelles）以诸同盟国集中力量，共同抗敌，得以恢复比国之自由，为表示感激起见，于上年十二月三十日，由校长佛兰立矩（Charles Frerichs）及教务长柯克思（J.F.Cox），召集校务会议，议决为四大国领袖，即罗斯福、邱吉尔、史达林、蒋介石四人，特设荣誉博士学位。其赠送蒋主席之证词，从法文译录于左：

> 蒋主席聪明睿智，事母纯孝，革新中华，沟通欧化，在敌寇重重压迫之下，以大无畏精神，多年奋斗，遂能联合盟邦，为全世界争取自由，为此，特以荣誉博士学位奉赠。

同年九月十一日，我邀请该校校长、教务长等，在本馆大使办公室，接受学位，相互致词，摄影纪念。适值我奉令回国述职，十月九日，蒋主席召见于重庆曾家岩官邸，我首先面呈该项证词、肩章、铜章以及所拍照片。并报告该大学抗敌经过，我说：在德军占领比京期间，德人强迫该校长任用亲德派比人为教职员，校长拒绝，因遭拘禁几个月，同时教职员之被拘禁者，亦有若干人，该大学因此停办，至去年比国解放时，乃始复校，主席听此报告，颇为动容。

以上列举数事，只见几斑，未窥全豹，以后遇有其他类似情形，当随同他项课题，必要时附带说明，此际不先特叙。

## （六）对荷政府几件交涉事项

民国三十一年即一九四二年三四两月间，服务荷兰船华

籍海员遭死伤案,发生三起,叙述如次:

### (甲)亚历山大案

是年三月七日,荷兰装油船渥浮拉号(Ovula)停泊埃及之亚历山大埠(Alexandria)。华籍海员中,有欲上岸购物者,以无法询明开船日期与钟点,故将衬衫一件,悬挂桅顶,借作回船信号。此则荷方指为违反纪律,其值班军官令将该件取下,因与海员发生冲突,荷兰水兵开枪,击毙我海员二人,伤四人。事后由中、英、荷三方派员就地会同调查,我国派驻开罗领事邱祖铭会查。桅顶悬物,为本案主要争点,我方认为一种遇难信号,英、荷二方,则始终指为叛变行为,以荷兵开枪为出于自卫。又邱领事坚持须调验医生证件,英、荷二方认为无须,因此,荷兰水兵开枪,是否并未超过自卫程度亦成疑问。

### (乙)澳西案亦称佛利满特案

同年三月十二日,荷兰商船沙若拿号(Saroena),驶抵澳大利亚西岸佛利满特(Fremantle)。中国海员四十人,以雇工合同业于两个月前期满,公推代表一人,向船主请求解雇。船主不允,言须俟从新加坡雇到新海员后,旧海员方可解雇。遂将该海员代表送交当地官厅扣留。三十日,海员们要求把他释放,否则可能次日全体罢工。次日晨,船主请求澳国军官派兵相助,覆称此事须依法律解决,不可用武。船主乃于同日(即三十一日)下午,商由附近停泊之荷兰兵船,派水兵十人,来登该商船。遂令中国海员聚集甲板,并准许水兵用武。正当海员们步行往前之际，有一人落后，被一个荷兰水兵用刺刀戳死，余人睹状惊逃，荷人且追且开枪，另有中国海员一人，举起双手，逃往停泊附近之那威油船，亦仍被击毙，此外并伤华籍海员三人。

### （丙）古拉索案

一九四二年年初，荷兰古拉索船公司，关于海员工资问题，暨其他有关事件，曾与中国海员发生争执。当双方谈判正在进行，而华籍海员等候复工中，该公司欲将所指称闹风潮的领袖，与其他海员隔离另住，遂于是年四月间，决拟于该处〔即荷属西印度古拉索（Curacao）之Willemstad城〕某营房所留住之，四百廿八名中国海员中，抽选八十五名，押送他营房。是月二十日，古拉索官厅派大批武装警察，驰驻该营房，迫令隔离。他们到后，即将该营房严密包围，下令着尚在卧房之中国海员，全体集中空场。该警察等荷枪实弹，并佩上刺刀，对海员作冲锋势。其警察总巡查则设桌营房门旁，勒令海员鱼贯而前。斯时陈、郑二海员，代表全体海员，向前询问，谓警察此举，是否意在强迫海员复工？同时说明彼等愿暂时留居营内，以待中国领事到来云云。旋荷兰总巡查查得该二海员亦应在提取之列，即令警察押出营门，该二海员略有踌躇，即被警察踢打，一部分海员睹此情状，趋前拯救，且欲与荷方理论，乃该警察未予警告，遽行开枪。因此激起了极大骚动，中国海员，本无攻击武装警察之工具与企图，此时为自卫计，有从一个警察手中夺得步枪一杆者，有急遽中拾得油管者，亦有冲出营门外逃命者，最大多数，则皆伏在地上。警察们刀斫枪击，约四分钟始停止。中国海员当场毙命者十二人，伤者三十八人，嗣有伤者三人亦死，计此案我国海员死者十五人，伤者三十五人。荷人六人受微伤。（以上均根据驻夏湾拿总领事雷崧生实地调查报告）

该三案发生后我遵照外交部电令，根据我官方报告，先后向荷政府抗议，提出要求（一）惩处肇事官警；（二）赔偿受伤海员及抚恤死者家属；（三）保证嗣后不再发生同样事件。亚历山大案，初由我国驻英大使馆提向英政府交涉，嗣以事关荷船，亦改归我办。澳西案经我国驻澳公使徐谟派员就地切实调查，同时觅得澳方检尸官全份文件，以及关于此案澳国中央政府与地方官来往电报，因得洞悉该案真相。徐使富于法官及外交官经验，根据无可争辩的事实，自己起草英文照会稿，全文拍电送我，我照样向荷外部提出。荷外部秘书长Van Bylandt答称此案亦是海员叛变行为，我询以此案雇工合同业已期满，海员们推出代表向船主请求解雇，此种举动，是否构成叛变？该秘书长无辞以对，然仍多方推诿，多方迁延。最后荷政府自动抚恤，付英金五百四十三镑十五先令，我国在不妨碍法律立场上予以接受，将该款分给有关海员及家属，故澳西案总算勉强告一段落，余两案则始终未结。

兹更就古拉索案详言之：三案中，此案我方死伤特多，尤为严重。我从长考量并迭经面商顾使后，于是年七月十七日照会荷外部，及今覆阅，措辞未免过重了！起初此案我外部先向驻重庆荷使提出抗议，嗣电令我办理，正酌办间，荷外部先于是月九日致我照会，送来古拉索官厅长篇报告一件，然该照会系十五日交邮，十七日入收，其时我的照会已定稿，此稿当然依据我方自己的报告，我的说法与立场，不因接到对方报告而有所改变，故我的照会，虽于同月二十日送致荷外部，而仍用原定之稿，并仍用十七日子。

荷方说法，则以为多数海员，愿意复工，惟受少数捣乱分子恫吓不敢有所表示，故决计将彼等隔离分住，庶可解决劳工纠纷。曾于肇事前数日，设法实行隔离，未获效果，乃不得不遣武装警察，前往办理，临时海员们蜂拥而前，手持铁块、油管、石块、手杖等物，劈面迎击，警察因而开枪，以自保生命云。

我七月十七日照会，分作十段，除根据我方报告详列事件经过外，并提出如前述之结案条件外，兹特转载其中四段（即第四、第五、第六、第七各段），以明我方之看法与立场，如左：

四、此次事件发生之基本原因，盖由于古拉索船公司油船雇用中国海员以来，一部分当地官厅及公司职员，对于中国海员之应视同荷兰海员一层，未能了解其合乎公道。彼等对于中国海员因物价奇昂暨战争危险所提出之合理要求，啬于接受，驯致海员迫而不得不诉诸罢工之一途。且海员之在海上，则得其服务，一旦登岸，则当地不准居留，甚至多视为不需要之外国人，困难多端，亦由此起。

五、总之，此次事件，无论其争端性质若何，而遣派武装警察，对付手无寸铁之中国海员，希图以武力解决纠纷，则无论在任何立场，均无以自解。地方当局采取此种手段时，对于因此必然产生之紧张空气，因而发生之危险结局，自当知之已悉。且也以武力或暴力解决争端，乃此次同盟国所不惜诉诸战争以图打倒者，故凡荷兰船公司以强暴手段对付中国海员之举，自非贵国政府政策上所能允许或默认，何况特别在战争进行中，中国海员在荷船勇于服务，对于同盟国共同作战，曾作重大而有用之贡献乎？此层谅贵国政府亦已明悉矣。

六、在当时中国海员中，容有取用器具，作为武器，以资自卫者，然彼开始攻击者，并不因而理直。且海员于武装警察之来，事先毫无所闻，可见绝无海员预谋攻击警察之可能。以海员在警察开枪后，当地觅得任何物件，随手摭拾，以图自卫，此则既易了解，亦且正当。又查所称中国海员取用各件武器，如断杆枪一枝及刺刀一把，系在警察开枪后，由对方手中夺得者，其油管、裁纸刀、削铅笔刀等件，充其量，在对付全副武装警察时，只能用以自卫而已。至荷人方面受微伤者只有六人，就此一点，即可断定中国海员行动，决未超过自卫范围以外矣。

七、此种案件，连续不断发生，势必供给共同敌人以恶意宣传资料，以妨害同盟国大局前途。盖敌人处心积虑，在暗中破坏同盟各国之一致关系，故将利用此种案件，谓为真正原因，乃由于现存之种族偏见，此则不无可惧耳。

七月二十四日，我以荷外部秘书长（简称V.B.）电话约谈，往看之，谈话要点，摘录于后：

金：什么好消息？

V.B.：是否好的消息，我不得而知。查贵使古拉索案照会，其语气这样不愉快，故我拟请另送照会一件，说贵方接到我方照会及报告后，对本案作另一种看法，何如？

金：不愉快是事件而非照会，我不能将该照会收回。

V.B.：我并非要贵使接受我方的说法，贵使当然遵令抗议，但贵使既已收到荷外部照会，当可报告政府，说接荷方照会后，情形不无稍有改变了。

金：贵秘书长要我做这样做那样！

V.B.：贵使是否愿做，当然由贵使决定。但若坚持贵方照会的说法，则我方覆文，亦必有不愉快的语气，例如贵使照会，指荷兰警察为"攻击者"，并说"以武力或暴力解决争端，乃此次同盟国所不惜诉诸战争以图打倒者"等语，全文语气是不友谊的。

金：若谓荷警举动并非使用武力，不知当称为什么？

V.B.：可是我们并非以武力解决争端，照贵方的说法，对于荷方事前曾设法和平解决一层，未免忽视了。

金：贵秘书长是否准备讨论我方照会？

V.B.：否。

金：我国海员，不独在古拉索，并且在佛利满特及亚历山大等处，遭死伤甚众，我政府人民，皆视为案情严重，我亦尝尽力保全愉快的空气，可是事态本身，是何等不愉快的！

此番谈话（《会晤录》第二○四号），当然是不愉快的，嗣又经双方辩论后，我告以（一）最要紧的是如何将案件结束（我曾讲起会查事实，却并未建议）；（二）俟荷方照会内几点调查清楚后，我当再送照会以补充前件，但并非收回或取消之意；（三）我当将吾们本日会晤情形，与顾博士作一私人谈话，观其感想如何？

我随即往见顾使，又作一详谈，顾使意倘事件本身有满意解决办法，即使将照会修改，亦无不可。并说应付步骤，可分三段，即（一）中荷会同调查，并请美国参加；（二）报告华盛顿太平洋军事会议；（三）由政府招回荷船我国海员，勿再在荷船服务。

我当然随时电部报告经过请示方针,至是并将十七日照会有关系四段全文电部,电末并说:"再者,此时同盟国间发生龃龉,原非幸事,然祸由彼发,咎非在我,他日宣示全世界,曲直自明。照会中如武力解决争端,如种族成见各语,虽抉其隐,要非直指,案情太重,语非过甚。况荷人向不认错,即使照会措辞和平,彼于自动抚恤,或可稍事点缀,但亦初无把握。此外如惩凶、赔偿、保证各要求,均难望其接受,即通令船公司勿用武力一节,虽经迭催,亦迄未办,澳西案至今无只字相复,尤为明证。事关邦交,究应如何应付,乞电示遵。"此电七月二十五日拍发,八月六日奉部电复:"古拉索案照会措辞,及交涉方略,均甚恰当,荷方态度若此,我方必须坚持。"

　　我方嗣提议古拉索案由中、荷二国会同调查事实,同时公请在该处美国海军司令参加。当由我先后向荷外长及航业部长Kerstens切商,初似并不坚决拒绝,继言邀请美人参加,未免开一恶例,我谓此层可从长再加考量。既而荷方以此案业经古拉索官厅调查清楚无须再查为辞,对于会查一层,根本不同意,仅谓我方倘有新的事实发现而为荷方所未知者,可请见告,因此不得要领。我乃以私人友谊,商请荷兰陆军部长Van Lidth de Jeude转商荷外长由荷方自动抚恤了案,亦不见允。同时亚历山大案几经交涉,始终无效。此后每遇我方要求结案,荷方必故示惊讶,以何案尚悬为问,其态度可知矣。

　　先是,我以交涉事件,不问性质若何,亦不问严重性程度若何，欲求适当满意解决，纵无须遇事以实力为后盾，亦须有适当机会，而机会之来，由环境造成者有之，从苦心觅得者亦有之，尽其在我，如是而已。因此，我于三十一年即一九四二年十月间，大致根据顾大使指点之应付步骤（已见上文）电部建议，此外补充一项，则以其时荷兰欲继英、美与我国议订放弃治外法权新约，我向部主张俟英、美二国新约订妥，视荷兰为无约国，声明在各该案未解决前，不予议订新约，亦不将使馆升格，不互派大使。其后我又向部提议，拟于订约后设立两国"和平处理委员会"，根据公平合理基础，以商结各悬案，然亦并未向荷方提出。次年底，我奉外交部令，认为古、亚二案（其时澳西案已结）与《中荷新约》谈判无关系，倘交涉无效，可向荷方建议用仲裁方法解决。

依法解决一层，实出于荷外长克兰芬斯之口。缘卅二年即一九四三年夏间，外长宋子文来英，八月五日，由我陪往访荷外长，宋部长偶而谈及古、亚二案，表示希望从早解决。荷外长脸色顿转红，谓除中国诉诸国际法庭外，荷方对此两案，已无事可为。我乃言荷外长用意甚善，此时国际法庭，虽不能行使职务，两国间可特设类似组织，借图解决悬案，宋部长说可照此意进行。仲裁之说，似根据我的和平处理原议，然荷外长既已提起国际法庭，姑不问其是否临时搪塞，当然以提交公断，为较与彼意接近，似或可较易得其接受，故我于次年二月间，先以公断之说，向荷外部作初步提议，荷方询及所当公断之点,答以无非欲明曲直安在。荷方不置可否,但请我方备送照会,对两案分别作具体建议。

我乃作一通盘计画,撰写了《用公断方法解决古拉索案与亚历山大案说帖》一件,分成六节,又六附件,一以篇幅过长,不便附印,二以所说的话,大致皆已散见本篇,亦无须赘述,兹仅标举各节题目于下:(一)中荷两方之争点;(二)解决机会之试觅;(三)交涉结案之经过;(四)打开僵局之途径;(五)公断之程序及其利弊;(六)分案解决之建议。第六节又分为(甲)关于亚案部分,及(乙)关于古案部分,同时草拟致荷外长英文照会稿两纸。该说帖于是年(一九四四年)二月二十九日拟定,三月二十二日缮发,呈部请示。

以公断方式解决国际争端,曲直判明,两造国俱受拘束,纯从法律方面观察,当然合乎理想,然若更从政治方面观察,问题却不如此简单,故我于说帖内,说明公断利弊借供当局参考。我说:"我方胜诉时,宜可得相当满意解决的条件,反之,假使我国败诉,则赔偿、抚恤当然谈不到,而且海员将负滋事责任,恐诸海员或其他侨民中,有不明国际公断性质者,对于政府提交公断之用意,或竟多所误会,难以理喻,此中利弊所在,似有事前从长计议之必要。"老实说,三案中我方立场最能站稳者,是澳西案,古案次之,亚案又次之,故我对于亚案特为强调数语,我说:"该案英、荷两国,皆认为叛变行为,兹查英外部一九四二年四月十七日所致顾大使复照,以为现时问题，系如何惩处其他参预叛变海员，而荷外部同年九月八日致金公使照会，亦谓肇事海员中，既有二人因自身罪行，丧其生命，对于其他海员，可不追究之语，是此案若经公断员判为其曲在我，则恐荷方加以追究，势必引起重大枝节。"云云。

至所欲公断解决之点，最关重要，我于所拟两照会稿内，只说所欲判明之点，系就各该案情形论，该荷兰水兵（指亚案）或荷警（指古案）所用强制力的重量暨其程度，以致击毙或击伤海员若干人，究竟是否充分的正当是也。该说帖发出后，始终未奉部复。是年底，新派荷馆参事张道行来英，据称此件经送请王亮畴审核，王博士意见，谓律师费太巨，将来所得或不偿所失，殊不合算云。

我住英四载经手的事，不独古、亚两案，始终未结，尚有荷船华籍海员改善待遇问题，亦复徒费唇舌，毫无结果。此问题事属专门，我只是一知半解，本馆又无此技术人材，乃商诸顾大使，临时借用驻伦敦总领事谭葆慎，及驻利物浦领事陶寅二员，帮同办理。两君原经手议订英船华籍海员工资新合同，学识经验，两皆优良，确是好的助手。九四二年五月八日，中荷二方第一次会谈，我偕同专员秘书亲往出席，荷方三人，由荷外部通商领务司长de Bruyn为发言人，大体上彼此交换意见，以后归两方专家，非正式洽商。我本人迭与荷外部及航业部讨论原则问题。我方初提出华籍海员与荷籍海员完全平等待遇的原则，荷方则以就工作效率论，荷籍海员一人抵得华籍海员二人以上为辞，谓原则用意固善，无如实行困难，故不能接受。继为欲使问题简化，我方复提议按月普遍的增加工资英金二镑，亦不见允。磋商甚久，未有归宿。此问题及古、亚二案，既均未获办结，加以同时适值新约谈判，双方僵持，亦发生不少摩擦，克兰芬斯以adamant（倔强）称我，我反而觉得不敢当。总而言之，我这几年的经验，无疑地，是我生平办理外交一大缺憾！

兹更就当年我国海员遭死伤各案，补充几句，当作廿余年后平心静气的自省，觉得此后倘更遇有此类事件，经手交涉人员，似应注意下列几点：（一）事实须求准确，如有不明了之点，须予复查，如有情理不通之点，无须提出；（二）立场须坚定，措辞不妨婉转；（三）要求不宜过于硬性，且须自己预先打算如何伸缩；（四）交涉途径，包括正式或非正式，须多方的，尤须试觅并运用解决时机。至我所谓情理不通之点，例如亚历山大悬衣桅顶一事，我方认为遇难信号，细思之，实难以自圆其说，当时应向本国政府明白指出，建议此点不必坚持，而我未曾想到，可见我之粗疏。我今愿外交界同仁鉴于我的已往失败教训而加以留意也。

## （七）中荷新约谈判

废除不平等条约，向来是我政府人民一致不断努力的目标。抗战期间，美、英二国，先后表示愿俟和平恢复后，与我国商议取消治外法权。珍珠港事变前夕，美政府向日本所提具体案，亦有放弃治外法权一条，日本对此条，愿予接受。迨太平洋战事发生，我国成为盟国，一九四二年我国国庆日，英、美宣布愿与我国立即商议此事，无须候至恢复和平以后，遂分别向我政府提出新约草案。荷兰以英、美此举，事前未与荷方接洽，觉得有些不满意，旋亦于同年底对我提出类似草约。荷约归我在伦敦与荷外部议订。互相提案多次，磋商了两年半，至一九四五年五月廿九日在伦敦签约。荷约连同换文在内，如荷国抛弃在华领事裁判权，以及其他一切特权，如取消《辛丑和约》，如交还上海、厦门公共租界，以及其他各项，核之英、美等约，实质上未见独异，他约经两个月谈判，即告成功，而荷约费时独多者，有其特殊原因，问题是我国侨民在荷属东印度之法律上地位，以及该华侨之利益与幸福，如何维护与增进。中荷双方对该问题之看法，根本互殊，荷方认为此次订约，重在放弃荷兰在华特权，至关于荷印华侨各问题，须待异日讨论，不在此次谈判范围之内，我方则认为此次订约宗旨，不仅在结束既往，亦且在筹划将来，故各该问题自有讨论规定之可能与必要云。

兹分左列三项，以说明中荷两方之争论要点：

**（甲）领事职权及设领条款**

荷方初主张：（一）领事官探视被逮捕之本国人暨代为

转递通信一层，仅对于荷兰在华领事有此规定，而不及于我国在荷兰之领事。荷方认为彼既放弃领判权，故以探访被逮荷人之权，给予在华荷领，以为交换条件。我方说我国在荷并无领判权，故我对荷无可放弃，此种缺乏互惠，是形式的而非实在的；何况领判权与通常领事官职务，截然二事，不容并为一谈，必须完全相互平等。又（二）设领条款，就在华荷领论，适用于我国全国，但就在荷华领论，仅适用于欧洲部分的荷国，而将荷属东西印度除外。我方亦坚持此种片面规定，万难接受；并言荷国宪法，认其属地为荷兰王国之整个一部分，更无除外理由。荷方旋将此项主张撤回。

**（乙）进出境及旅行居住经商各问题**

原来当时荷印法律规定，分该地人民为三类，即（一）欧洲人；（二）土人；（三）东方外国人。甲午战后，以日本人归入欧洲人类，所谓东方外国人，乃专指我国人与亚拉伯人。由于法律上种族的差别，吾侨受了种种不平等待遇。太平洋战事发生前三四十年间，我方随时要求平等待遇而无所成，战事既作，荷兰于三十一年即一九四二年十月底，曾声明将来战事结束后，对于荷印各民族之区别，设法取消，但此为荷印内部法律上之修改，无须经过两国外交谈判手续。同年同月三十一日，驻重庆荷使致我外部节略，同样表明愿于战后取消荷印法律上种族差别待遇之意。

又自一九三四年以后，荷印限制移民入境，虽移民年额，各民族一律平均分配，并有调剂办法，只以华侨入境，向来超过他民族甚多，且有历史、地理、经济种种关系，此种限制，于我侨究多不利。(请参阅《传记文学》第十一卷第一期我撰的《兼管馆务会务以及回国述职》篇，见本书一二八至一四一页。)

鉴于上述各项情形，并鉴于历年对荷交涉之困难，此次为求根本解决计，我方除先已提案外，以我国适与巴西签订新约(一九四三年八月一日)，乃向荷外部提出与该约同样文字之条文，规定："此缔约国，应允许彼缔约国人民，依照其法律，并在第三国人民同一条件之下，有在其领土全境内旅行居住经商之权。"随后复向荷方提出两缔约国人民无限制自由进出境之条文。

自时厥后，两方争点集中于入境以及入境后待遇各问题。我方以事关华侨利益幸福，异常重视，迭为力争。乃荷方以入境问题，牵涉荷印移民政策，不欲受条约上之束缚，而入境后之待遇，如旅行、居住、经商各项，须俟战事结束荷印内部法律修正后，方能在条约内明文规定最惠国待遇，故对于我方提案，表示均难接受。

一九四四年六月六日同盟军诺曼第登陆前约一个半月，为保持军事机密起见，英政府从盟军总司令之请，限制外交团与本国政府通邮电自由，因而中荷新约谈判，亦更多停顿，迨禁令既解，我乃与荷外部赓续交涉。

我为了进出境及旅行、居住、经商诸问题，与荷外长及荷外部秘书长交涉，自卅二年九月间起，至次年十月止，费了一年多光阴，会晤留有纪录者三十次，兹特检叙一次，以供参考，是为卅三年六月廿八日与荷外部秘书长Van Bylandt之谈话（《会晤录》第二五九号）。其时德人正向英国放射飞弹，伦敦常遭射击，荷外部办公地点，在伦敦市区，每遇有此弹飞来，近邻屋顶，悬挂红色警旗，市民见旗，设法躲避，飞弹既过，落旗解警。是日会晤时，见有警旗，该秘书长即偕我同往室外走廊暂躲，以免玻璃震碎，飞片伤人，如是者三次。是日，经长时间激烈争辩后，我提出一个折衷办法，请荷方考量，并言此次若能成议，未始非受了敌弹之赐！

是日，我对于入境问题，暂未提及，然该秘书长仍再三声明谓自由入境之议荷方断难同意。至关于入境后之待遇一层，我请其重加考量，告以（一）此系国际间通例；（二）就荷印华侨论，兹荷方既经表示于战后取消种族歧视，则对我方提议，自可不难接受；（三）荷方固曾声明以荷印现正由日敌占领，荷印将来政策，不愿于现阶段预为作主，然同时亦曾说明关于旅行、居住、经商等事项，荷印将来必以第三国人待遇给予华人，并以华人向来已得第三国人待遇为言，既然如是，则我方此项提议，无非一种证实，自更无不能接受理由。

该秘书长谓荷方歉难再予考量，并言在此情形之下，惟有暂时停顿。我说此亦无所谓，但言他国先后皆与我订新约，而荷兰独否，恐不免惹起舆论误会耳。彼言当然须由双方会同发表宣言，说明谈判停顿理由。

旋我又检读我方提案原文，切询彼方困难安在。答称：就该案表面文字论，似亦无所谓，然该案牵涉荷印法权问题，一则此问题纯属荷印内政，二则将来种族区别取消后，首当改组法庭，必须经过相当合理期间，断难一蹴而就，如贵方提案之所预冀者，此皆实际上之困难，然荷方既已表示愿意取消法律上之区别，自必践其诺言，想贵方当能相信并谅解也。

我说既系如此，何不一面于约中接受我方提案，一面另想一种办法，例如互换照会之类，重申荷方愿于战后取消歧视待遇之意，并说明短时期内实际上困难安在，如此，或亦解决双方困难之一法。该秘书长允为考量。是日谈判情形，对于入境待遇一节，显见有解决途径可寻。乃次日我接该秘书长传电话相告，则谓此项办法，经细阅全卷详加考量后，认为亦难同意，并说将来既欲议订商约，此时不必预为规定最惠国待遇，此不过时间问题耳。

嗣我方对于入境条款，撤回无限制自由入境原议，而改用定额制。其文如下："两缔约国人民，以在第三国人民同一条件之下，并依照各该国现行法律与规章，得自由出入彼此领土，惟须彼此了解者，即倘此缔约国採取移民定额制时，彼缔约国人民每年得准入境之人数，应以此缔约国所有外侨中彼缔约国人民所占之百分数为正比例。"经向荷外长提出，他说：如此，则中国不独指摘荷印过去移民政策，而且干涉其将来政策，实难同意。他又说：取消种族差别待遇一层，断不能以照会互换云。

既又经过几次交涉，最后始议定该条条文（一九四五年五月二十九日《中荷条约》第六条第一款）："缔约一方，应给予缔约他方人民以进出其领土之权利，暨在该领土全境内旅行、居住及经商之权利。"同时荷政府将训令其驻重庆大使，于签约日，照会我政府，重申一九四二年十月卅一日前，驻华荷兰公使所送节略内容，但不得出以互换照会方式。

### （丙）声明保留之波折

我国所提入境自由及入境后最惠国待遇各条，荷方既皆不接受，我方经详加考量后，决定对各该事项，作一保留立场之声明，准备他日相机再提，同时（卅四年初）会同荷外部整理全约文字，作签约准备。我外部决定俟签约日荷使照会宋子文部长时，于覆照中声明保留立场。我遵电先向荷外部口头通知，答言此次荷方自动再送照会，原是一番好意，而贵方乃利用覆照机会，作进一步表示，非荷方送照本意，经我予以解释后，始勉强允如原议。

我方所拟覆照初稿，原有"种族歧视为全世界舆论所指摘"字样，并提及将来荷印制定移民条例时，须基于中国人与荷印历史、地理、经济上种种特殊关系，给我优遇云云，均为荷方所反对。我方旋容纳荷方意见，概予删去，仅言"签订新约，并不将我方对于出入境、旅行、居住、经商各事项之立场，有所妨碍"，荷方亦不同意。迭经往返磋磨，荷方表示种种为难，曾一度拟不签约，我乃于是年即一九四五年四月九日私电吴次长国桢，大旨以"荷方对于与条约本身无关之照会稿，亦复字斟句酌，如此麻烦，可见其胸襟狭窄，太不痛快。弟意拟请政府宣布停止谈判，并以现在大多数国业经与我签订新约，似可同时声明，自本年六月一日起，凡未经订新约各国，其在华治外法权及一切特权，一概作为取消"。

嗣我方又酌予让步，最后议定覆照内只说将来遇有较为合宜时机，再提各该问题，既不指明何问题，亦不指定何时再提，例如商订商约机会之类，又对于荷使签约日照会，我方仅覆收到，亦不将来文全引一遍。遂于五月二十九日午后四钟，我率同魏参事良声、赵秘书惠谟、王秘书庭珊前往荷外部。我与兼代荷外长米希尔（E.F.M.J.Michiels van Verduynen，时荷外长克兰芬斯往美国出席金山会议，由其驻英大使兼不管部阁员米希尔兼代外长），在荷外长办公室签约，并签换文暨会议纪录各一件。此约谈判，费时两年半，签字只须两分半钟，毫无礼节，签字前该代理外长奉女王命，以我将离任，以大绶勋章一座相赠，略致数语，我为答谢，签约后与谈约半句钟而退。

《中荷新约》共九条，其内容大旨：（一）规定两缔约国领土与人民或臣民之定义（第一条）；（二）取消荷兰在华治外法权（第二条）；（三）取消《辛丑和约》，归还北平使馆界行政与管理（第三条）；（四）归还上海、厦门公共租界（第四条）；（五）规定关于荷兰王国或人民公司在中国领土内现有不动产之权利事项（第五条）；（六）规定进出境暨旅行、居住、经商各项权利，以及司法上与征税上享受本国人民所享受之待遇（第六条）；（七）规定双方领事官之权利，特权与豁免（第七条）；（八）规定日后签订友好通商航海设领条约，又在该约未订立前，遇有涉及两缔约国或人民公司问题，依照国际公法及惯例解决之（第八条）；（九）批准及生效（第九条）。

同日我与代理荷外长换文一件，取消荷国以前享受之他种特权，即沿海贸易，暨内河航行权，以及荷国军舰，未经中国政府同意，而驶入中国领水之权，以及他权数种；并以相互为基础，规定旧约作废后新商约未订立前须予同意了解的事项数端。此外尚有双方同意之会议纪录一件，系对于两缔约国商船驶至彼此领水及口岸一节，声明彼此了解双方为国防计，有权封闭任何口岸，禁止一切海外商运。

综观该约及换文各件，实质上与一九四三年一月十一日中美、中英两约，大体相同。兹查美、英两约，关于旅行、居住、经商一条，称该二国对于中华民国人民，在该二国全境内，早已予以该项权利，故中国政府同意，在其领土内，亦以相同权利给予英、美二国人民，此种措施难免令人误解为百年来遭受不平等待遇者，是外国人而非我国人，殊非真相。就文字论，亦觉不无拖泥带水，中荷约第六条第一款（见上文）①之文字，当然比较的简洁些，且同时加入"进出领土权利"字样，为美、英二约所无，似未始非对准荷印限制移民政策之一种暗示也。

迨太平洋战事终止，荷印建立印度尼西亚共和国，为荷兰印尼联合国一分子，不数年，完全脱离荷兰而成独立国。于是《中荷新约》谈判中我所为断断力争者，至是而失去其目标，然为争取吾侨前途，职责所在，自不容有所忽视，要非徒然浪费时间。兹从箧中检得《处理荷印问题报告》长篇一件，是我于一九四四年间，根据荷兰女王宣示对属地之大政方针，暨荷外长Van Kleffens之论文与荷殖民部长Van Mook之演辞，以及他种资料，分为（一）荷兰殖民政策的鸟瞰；（二）荷印将来之推测两大段，撰成专件，于是年四月十二日呈送外交部，其结语中有此数语，足见荷印如同印度暨其他殖民地一样，有战后转向独立的趋势，似本在一般人意料之中，爰为节录于左：

就政治方面说，荷方（战后）一面以解放民族与完成

---

① 荷方两次所提草约，关于旅行、居住、经商之规定，其文字用意，原与英、美约相同，最后乃同意今条文字。

充分自治相号召，一面与其他拥有属地各国，基于同样利害关系的基础，互相呼应，借图保持并益加巩固其本国对于荷印之团结，使荷印益成为荷兰整个王国不可分离的分子，亦属无足惊异之事。至于分区委员会的主张①，其真正用意，似在缓和"属地应即独立"之说，故即使此议见诸实行，虽比之昔时代管制度，或可较胜一筹，而集"有属地国"与"无属地国"代表于一堂，能否无同床异梦之感，此时亦难预料。虽然如是，凡有此类委员会设立时，不论其为美国式的，或为英荷式的，以我国与远东诸属地种种关系之深切，必当积极要求充分参加，自无疑义。至若他日国际会议席次，倘有力方面，主张所有殖民地，不问在战后最近的将来，将以何种方式统治管理，而终当以真正解放独立为确切不移之最后目标，则吾人之当乐予赞助，正为天经地义应有之举也。

（原载《传记文学》第十二卷第三、四、五期）

---

① 一九四二年十二月间，太平洋学会，在加拿大Mont Tremblant开会，东南亚问题连同荷印问题在内，为重要议题之一，当时讨论甚详，主张亦多，大致趋向于战后设立South-East Asia Regional Council（东南亚区域委员会），以图促进该区域政治、军事、经济、社会各种事项之合作，并注意于推行及实现《大西洋约章》第三点关于尊重人民选择政府权之规定。荷方对于该主张，亦表示可以接受，惟以他区域有类似组织为条件。